你若精彩 天自安排

愿再次与你重逢

方达 主编

长江出版传媒 | 湖北教育出版社

目 录
Contents

目 录
Contents

每个人都在浪里。以前害怕做选择，就给自己贴各种标签说服自己。

那至少现在，我和我自己的关系蛮好。我们坦诚相待。

值得你等待的人往往在故事的最后才出现。记得，能够牵手的时候，

永远不要选择并肩走。

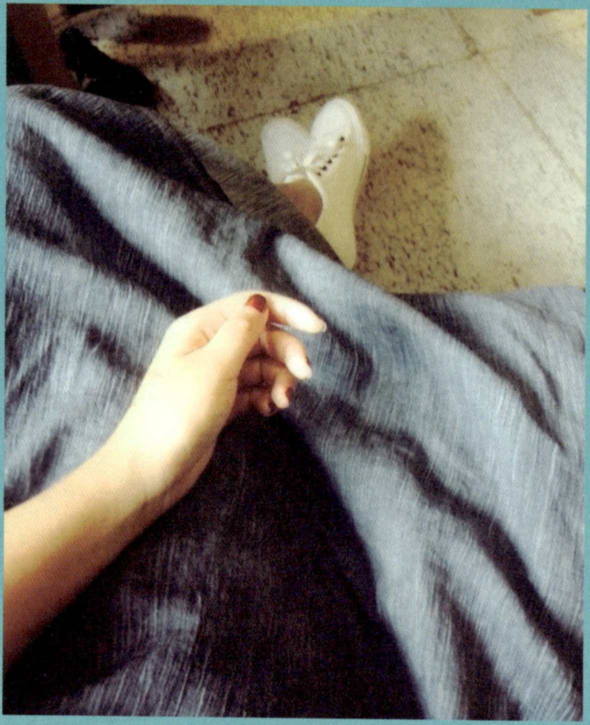

不得不承认时光和长大都是一件很残忍和无奈的事情。

作者介绍

炙蓁 _

青年作家，出生于北方，内心慢热温软，喜欢写一些生活中的小情绪与小细节，喜欢亲近自然与动物。坚信人应心慈而貌美。坚持写作七年之久，作为一种爱好而非职业。曾多次发表文章于《美文》《小说绘》等杂志。曾获“华东师大杯”第十七届全国新概念作文大赛二等奖。

徐里 _

第十届全国新概念作文大赛二等奖，四川传媒学院毕业。热爱生活，甘于平庸。居于成都。

米玉雯 _

1995年出生于北京东城区，典型金牛座，北京语言大学日语系在读。业余围棋、业余模特、业余长笛、业余韩语、业余播音主持。唯独不想在写作前加上“业余”两字。作品散见于《最小说》《南风》《儿童文学》等杂志。曾连续获得“春蕾杯”“冰心杯”多种奖项。

乱了夏天 _

夏季的时候出生在南方的小城，是一个可以七天不出门，可以五天不看韩剧，可以三天不玩手机，但是不能一天没有文字的90后作家。

忘小川 _

1993年生，自由撰稿人。作品常见于《看天下》《南方日报》《青年作家》等刊物。现居成都。

刘杰 _

曾经是矫情的闷骚青年，写一些没人愿意看的文字，听一些老掉牙的歌，看一些别人不看的书。笔名诗人之名，空有诗人的名字不干诗人的事。

林丽茹 _

笔名繁浅，生于从来没有见过海的城市。有很长的写作幻想期，不过败给了严重的拖延症，目前的状态是随意生活，偶尔写作，作品散见于一些青春言情杂志，曾获第十六届全国新概念作文大赛一等奖、“华东师大杯”第十七届全国新概念作文大赛二等奖。

茶白 _

1992年10月末生，想象力丰富，每晚的梦大概都是一个故事。上课神游，下课做梦，终于快要结束学生生涯。之前听过一句歌词，“说不定我一生涓滴意念，侥幸汇成河”，心里一直记着，开始想要认真写作，想着如果真的能汇成河流，便是再好不过了。

王君心 _

女，生于1994年。现就读于厦门大学。在《儿童文学》《科幻世界》《少年文艺》《读友》等文学杂志发表童话、小说近四十万字。作品收录于《2013中国年度童话》《全国优秀儿童文学精选童话卷（2012年）》《新概念作文大赛获奖作品选》等系列书。获第十四、十五届全国新概念作文大赛一等奖，出版长篇小说《秘语森林》《记忆花园》，即将出版个人童话集《猫先生的影子酒》。

李娜_

曾获第九届全国新概念作文大赛二等奖。迷恋美食，每到一个地方首先研究哪里有吃的，最终会成为美食向导。喜欢岩井俊二的电影。能静下心来的时候就看文艺片。总是懒洋洋地趴在电脑前看TVB港剧和日本动画片，一直想要旅行却始终没有去任何地方。

周露瑶_

笔名沙白，行走于文字与世界之间，在集体边缘挣扎，试图描绘区别于现实的另一种真实。现就读于杭州师范大学一年级，高中时期主持编辑多本校、班刊。曾荣获第十六届全国新概念作文大赛二等奖、全国鲁迅青少年文学大赛三等奖、“语文报杯”现场阅读竞赛一等奖，连续夺得第六、七届浙江省少年文学之星一、二等奖。作品见于《浙江少年作家》《作文新天地》等刊物。

万霁萱_

狮子座，胆小如鼠却一直向往轰烈永恒，外表强悍但内心敏感软弱。一直憋在心口的话想要大声告诉你，希望你能懂我，不要待我像一个童话。喜欢细腻的表情和情绪，因为总认为在最细微的角落才能看到人的软肋，所以才热衷从逼近边缘的角度来记录和表达，用一个人的力量为爱护航。这座城市的每一个角落、每一处碎片都有你的印记。曾获“华东师大杯”第十七届全国新概念作文大赛一等奖。

周宏翔 _

青年作家，已出版《相遇是比爱更美好的事》等作品。

阿圆儿 _

80后。写字新人，逗比又专注。

学地质四年，转去学企业管理，毕业后做金融。在最暴烈的股权私募投资混迹，见过大牛和混子，见过有钱的傻子穷得只剩下钱了。

白目，饭局常坐错位子，领导握手小挠手心时脱口说去你妹。

逗比，场面话无能，擅用阿Q思维化解拧巴，最困难的时候就跑步，听着《月亮之上》真的跑到天亮。

丁好好 _

原名丁浩，80后，酷爱文学，精于写作。2012年在北京星煌昊天影视公司担任首席编剧，参与湖南卫视定制电视剧《爱闪亮》创作。2011年—2013年作为创意以及填词编剧加入电视剧《母亲母亲》剧组。后签约昀海京泽创意工作室，从前期故事大纲到最终剧本，创作出一部八十集电视连续剧《不是冤家不恋爱》，于2014年3月在央视八套、浙江卫视上映。个人创作剧本有《向着阳光的花朵》《垃圾公主的故事》《零距离》等。目前为中国林业出版社编辑，自由撰稿人，在杂志与报纸上发表过134篇文章。个人有腾讯读者群五十多个，共计五万多人。

杨立超 _

1993年生，曾获第十三、十五届全国新概念作文大赛二等奖，第十四届全国新概念作文大赛一等奖。现读于四川传媒大学导演专业。

莫诺 _

原名乐康，1992年生，武汉作协会员。第五届“突围诗歌奖”年度新锐诗人获得者。曾获第十二届全国新概念作文大赛二等奖、第十三届“中国少年作家杯”一等奖等诸多奖项。入选参加2011年首届《中国诗歌》夏令营和2013年第六届《星星》大学生诗歌夏令营。作品载于《诗刊》《青年文学》《意林》《美文》《南方文学》《延河》《山东文学》《中国诗歌》《星星》《诗选刊》《散文诗》《岁月》《青春美文》《草原》等刊物。

陈徐青 _

出生于1993年2月。上海市选手，非十四届全国新概念选手。曾获第十二届全国新概念作文大赛二等奖。在别人的漠视下连滚带爬。很简单的一个人，仅仅是坚持了追逐梦想的姿态。

海水每天都是那么蔚蓝。我们在一天天地长大。

PART 1　梦想的落日，已走过千山万水

当你看到我在笑的时候 文/杨立超

你永远都不知道，当你看到我在傻笑的时候，我的心里在哭什么。

一

入学第一天，班主任把她带到办公室里训话，劈头盖脸就是一顿要好好学习要团结同学等无关痛痒的话。作为一个从外地转来的借读姑娘，就算班主任不说，邵晓安也知道自己该怎么做。

不过，不知道是不是因为眼睛产生了幻觉，她总觉得班主任看她的表情怪怪的。

班主任话说到一半突然来了个惊天大变脸，原本一脸的郑重其事刹那间变成了猥琐的奸笑，在她眼里班主任确实是在猥琐地奸笑，不过声音还是一如既往的严肃："千万要记住，如果你同桌来上课的话，你可千万别招惹他！"

邵晓安被班主任诡异的表情吓得心里发毛，这个一连让他用两个"千万"来警示自己的同桌，到底是何方神圣，难道他还能吃人不成？虽然心里塞满了一万个疑惑不解，但她还是满满地答应下来，重重地点了点头："我跟你保证！"

来到教室的时候正好是上午的大课间，邵晓安背着大大的书包走到了班主任给她指定的位子上：南边靠墙第二排外侧。

对于邵晓安这张并不出众的陌生面孔，同学们仅仅扫了两眼便各干各的去了。虽然是新同学，但没有一个人愿意跟她打个招呼。不过邵晓安并不在乎，她知道自己很普通，也乐得清净，在这个人生地不熟的鬼地方，她不奢求自己能有多么出彩，只要别人不来找麻烦她就心满意足了。

可惜的是，事情的发展往往是不合心意的，你想要它发生的事情它死活都不肯发生，你不想它发生的事情，它却一个接一个，死命地往外蹦。

邵晓安收拾书本的时候，在自己的书桌里发现了一本紫色封皮的笔记本。她拿出来粗略地扫了一眼，密密麻麻的娟秀小字竟然整整写了有半本之厚，她随手翻开一页定神看了看，脸色刹那间变得通红，心脏扑通扑通地狂跳起来，这么厚厚的半本写的全部都是……情书！就这么一打眼望下去，总有那么三个字不断地在她的视网膜上闪来闪去，刘子枫！

就在邵晓安暗自猜测这个叫刘子枫的同学是不是就是班主任口中那个“不可招惹”的神秘同桌时，一只粉红色的皮鞋出现在她的身后，紧接着狠狠地一脚踢在了她屁股下面的板凳上。

这股猝不及防的巨力让邵晓安的身体不受控制地向后倒去，一屁股砸在了地上，紧接着，书桌上那高高的一摞课本也不合时宜地跟着倒了下来，重重地砸到了她的脑门上。邵晓安疼得险些哭出来，巨大的火气压抑不住地从心底往外乱窜，是谁？！

就在邵晓安即将爆发的时候，她突然想起班主任语重心长的交代，只好强忍住钻心的疼痛和腾腾燃烧的怒火，在千分之一秒的时间里调整好心态，抬起头，脸上浮现出一丝牵强的微笑。

徐艳冰抱着胳膊冷冷地俯视着倒在地上的邵晓安，丝毫没有上前拉一把表示歉意的意思。她的眉毛像一片柳叶，大大的眼睛里蕴含着冰冷的寒意，高挺的鼻梁下面嘴角微翘，似乎是挂着淡淡的不屑。人如其名，徐艳冰就像一位高高在上的女王，她高贵、美丽、冷艳，浑身上下散发出拒人于千里之外的寒意。而邵晓安在她面前不过是一只丑小鸭罢了。

邵晓安刚从地上狼狈地爬起来，手里的笔记本就被徐艳冰一把夺了过去：“你不知道不能随便乱翻别人的东西吗？”

是你自己放到我的桌子里的好不好，又不是我故意要看的！尽管心里这么想，但她还是没敢说出来，而是低下头怯生生地说了声“对不起”。她知道，自己仅仅是一个跟随打工的母亲从乡下转到城里来借读的普通高中生而已，她既没有深厚的背景也没有富裕的家境，这里在座的每一个人她都避之不及，招惹不起。

“不要以为能跟刘子枫同桌就有多了不起，等着瞧，他来上课的时候会把你赶走的！”徐艳冰没头没脑地丢下这么一句话转身离开了。

耳边传来了不加掩饰的嘲笑声和窃窃私语，邵晓安看着周围那一双双带着不屑的冷漠眼神赶紧蹲下身子，借着捡书的姿势低下头，努力克制住了即将奔涌而出的眼泪。不就是摔了一跤嘛，又没什么大不了的事，笑一笑姑娘，姑娘笑一笑，邵晓安咽了口唾沫，自顾自地傻笑起来。

二

眨眼间，邵晓安已经入学一个月了，比大姨妈还要准时的月考眼看就要轰轰烈烈地奔涌而至，但迄今为止，她都不知道自己的同桌到底是谁。

只闻其名，不见其人。

在一个遵守校规校纪的借读生姑娘眼里，她无法想象一个月不来上课会有多么严重的后果，落下功课、成绩倒退是小事，很有可能是会被学校开除的！除非，除非他得了重病！邵晓安每当无聊的时候就会胡思乱想。

这一个月以来同学们都有意无意地避着她，甚至当众表现出一副对她极其厌恶的样子，丝毫不加避讳。她当然知道，这里面徐艳冰的推波助澜功不可没。

不过，你们尽管嘲笑我、孤立我、瞧不起我，这又有什么关系呢？邵晓安一点都不在意，早在几年前她就习惯了周围人看她时的异样眼神。

自从邵晓安懂事那天起，身边就一直伴随着对她言语上的冷嘲热讽和目光上的不屑鄙夷。在她的额头中间的位置上，生下来就有一枚一元硬币大小的青紫色胎记。当孤独和自卑成为一种习惯时，那么孤独也不再是孤独，自卑也不再是自卑了。

邵晓安抬着头眼巴巴地看着黑板，八九点钟的阳光从窗外照进来打到了黑板上碎成柔柔的一团，很快她就随着这暖暖的色彩融化在了静谧的阳光里。就在她额头倒向桌子、迷迷糊糊地快要睡着时，她一个激灵又清醒过来，不能睡！妈妈说过，穷孩子的唯一出路就是好好学习！邵晓安你不是天才，要想成绩优异就必须得付出比别人多十倍的努力。

这一堂课邵晓安听得无比认真，以至于身边突然多出来一个人她都不知道。那个人就这么干巴巴地在她身边站了将近五分钟，最后老师实在看不下去了，放下课本对着讲台上的座次表找了半天："邵晓安？"

"到！"邵晓安跟弹簧一样刺溜一下站起来："log以5为底3的对数……"教室一下子静了下来，随后爆发出哄堂大笑声，就连站在她身边的那个人嘴角都忍不住一阵抽动。

邵晓安以为自己答错了，尴尬地挠了挠脑袋旁若无人地坐了下来，刘子枫终于忍无可忍，抬手拍了拍她的脑袋："同学，我想你该让一让。"

邵晓安顺着声音传来的方向抬头望去，一个穿着灰色礼服的少年一只手揣在裤袋里，另一只手还没来得及落下，精雕细琢的五官配上棱角分明的脸庞显得那么帅气坚毅而又不失成熟。

他正好奇地打量着眼前这个有点脑残的姑娘。

"老师，有什么事吗？"邵晓安努力地使自己怦怦乱跳的心脏平静下来，别过头都不用正眼看他。你再帅又怎样，跟我有一毛钱的关系？邵晓安可不是什么花痴姑娘，相反，越是吸引她的存在她越是敬而远之，她没有不切实际的浮华奢求，眼前这个看上去就从内到外散发着优秀气质的老师，她配不上，只有好好学习将来建功立业以求养家糊口才是正事！

"同学，我不是老师，你旁边那个空位，是我的位子。"刘子枫抬起修长的手指在邵晓安面前轻轻一划，嘴里发出轻柔的声响，"站起来，右转前走，出门。"

邵晓安感觉耳边传来痒痒的一阵酥麻，呆呆地从座位上站起来，乖乖地向教室外走去，眼看她打开门左脚跨过了门槛，下一秒，她又将左脚重重地收了回来，扭头往回走。

你谁啊你，让我出去我就出去？邵晓安翻了翻白眼，不是老师你穿什么礼服，人模狗样打扮得这么成熟。

对于身体为什么会不受控制的事情，邵晓安没多想，这不过是她今生所干蠢事的几千分之一罢了，无足轻重。不过，看着重新走回来坐到自己身边的邵晓安，刘子枫眼里却露出了感兴趣的神色，他竟然失败了！

三

作为世界顶级的天才催眠师，他竟然对一个高中生催眠失败了，这是绝无仅有的事情，但事实却的确如此。

智者千虑，必有一失，刘子枫虽然有点诧异但也没太当回事，他刚才只是略施手段而已，若是真想催眠眼前这个姑娘，不过分分钟的事。他有些无聊地瞥了眼自己的同桌，若不是额头上一枚硬币大小的胎记影响了整张脸，倒是长得还算清秀。

他从口袋里掏出一支笔，在本子上开始画起了奇怪的图案。

邵晓安趁老师在黑板上写字的工夫，忍不住扭过头看了刘子枫一眼，上学不带课本还在本子上画小人，这简直不可饶恕！她用胳膊肘戳了戳他。

“干吗？”刘子枫丝毫没有顾及这是在课堂上，他挑起眉头看着邵晓安，声音大得吓人。

“嘘！”邵晓安吓了一跳，赶紧抬头看向黑板方向，还好，老师似乎没听见。“你是不是没拿课本？借给你？”她将桌子上的课本推向刘子枫。

“不需要！”刘子枫摆摆手。

神气什么！邵晓安看着刘子枫不疼不痒的表情就气不打一处来，好心当成驴肝肺！不过想到班主任说过的“千万不可招惹”这六个字，她瞬时没了脾气，得，惹不起！

下课铃一响，刘子枫站起来拍了拍她的肩膀，解题思路被打断的邵晓安心里微微恼火，但她还是极力保持着自认为比较和善的微笑站起来给刘子枫让出一条路。

“我希望下节课你能坐到别的地方去，我不习惯身边坐人。”

“什么？”邵晓安看着刘子枫已经走出教室的背影一时间没反应过来。

“我就知道他会将你赶走的。”徐艳冰嘴角挂着淡淡的微笑出现在邵晓安背后，“不过，就算他不赶你我也会赶你的，之前刘子枫没来上课也就算了，既然来了，我不允许任何人坐在他旁边，尤其是女生！”

“凭什么？”邵晓安感觉自己的忍耐力已经到了顶点。

临瞿一中是市里最好的一所高中，每年毕业的初中生们都削尖了脑袋死命往里钻，一间只能容纳四十人的教室现在硬生生塞进来五十多人，满满当当早已没有空地，更不可能会有空闲的座位，她不坐这儿能到哪儿去呢？

“凭什么？呵呵，你自己离开还好，若是等我赶你，可就不只是不让你坐这儿的问题了！”徐艳冰压根儿就没把邵晓安当回事。

邵晓安看着仰着头用鼻孔看她的徐艳冰真想冲上去狠狠在她脸上来两下，她不怕有人打她骂她，但她却不能不在意徐艳冰话语里的威胁。当初妈妈为了她能到这里读高中可是花了不少功夫，跑前跑后低头弯腰端茶倒水，现在因为徐艳冰一句话就被赶出学校的话，她真不知道该怎么去面对妈妈。想到这里，邵晓安二话没说，露出牙齿给了徐艳冰一个大大的微笑，拎起凳子走到讲台底下，一屁股坐到地上俯下身子趴在板凳上继续做题。

课间来教室视察的班主任被邵晓安这架势吓了一跳，抬头瞥了眼刘子枫若有所悟，不过却并没说什么，只是象征性地问了下，邵晓安的答案是她近视眼，看不见黑板。

班主任离开后，邵晓安继续埋头做题，想当年韩信能忍受胯下之辱，被人赶走坐在地上上课对她邵晓安而言根本就不是事！想到这里，她咬住笔头傻笑起来，刚咧开嘴，屁股就被人轻轻踢了一脚。

抬起头，她就看见了刘子枫玩味的笑容，这也太过分了吧！我都沦落到这地步了竟然还不肯放过我？士可杀不可辱，宁为玉碎不为瓦全，邵晓安终于下定决心不再一味地忍受下去，这种人你不反抗他就当你是傻子，你越软，他越欺负你。

就在邵晓安心里默念风萧萧兮的时候，刘子枫说话了："别在这儿装可怜，要是别地儿没座的话，你就回去坐吧！"邵晓安看着伸出手试图将自己从地上拉起来的刘子枫，委屈之间竟然生出一丝温暖的感觉。

因为席地而坐导致血液堵塞从而双腿发麻，邵晓安没站稳，本想借着刘子枫的身子靠一靠，结果刘子枫刹那间躲开了，邵晓安只好一头顶在了黑板上，疼。她用力跺跺脚，就在准备回到座位上的时候却被徐艳冰拦住了。

"你坐我那儿，我坐你这儿。"

"好！""不好！"邵晓安跟刘子枫异口同声。

"徐艳冰你别多事！"刘子枫冷冷地道。

徐艳冰似乎没料到刘子枫竟然用这般语气跟她说话，一时间竟然愣住了，就在要发作的时候，刘子枫从口袋里掏出一枚硬币来，随手一抛，空中划过一道优美的弧线，接着双手翻飞，硬币犹如精灵般在他修长的指尖上翩翩起舞，徐艳冰像失了魂一般直勾勾地看着他手里的硬币。

"别说话，回到你自己的座位上去！"刘子枫的声音如魔障般在她的耳边响起，徐艳冰乖乖地转过身就走了。

刘子枫回头看向邵晓安，邵晓安摇摇头："我还是坐地上吧。"

似乎是察觉到了她眼神中那一闪而过的担忧，刘子枫也懒得废话，直接将硬币抛向空中，硬币在空中飞舞，闪过一道道耀眼的光芒，最后稳稳地落到了刘子枫的手上。

还不等刘子枫张嘴，邵晓安一句话差点让他一口老血吐到她脸上。

"反面！"

四

反面！

每每想到"反面"这两个字，刘子枫就郁闷得抓狂，那天他试图借用硬币将邵晓安催眠，却被邵晓安当作猜正反，更让人郁闷的是，还真让她猜对了，反面。

刘子枫六岁那年跟随父亲学习催眠术，早在几年前他就可以轻松自如地将一个意志坚定的成年人成功催眠。近几年，他一直以高级催眠师的身份游走在社会各界并闯出了不小的名气，帮心理病人解除焦虑，帮助警察审讯犯人，等等，自从出道以来从没失手过。而那天，他却一连两次栽在一个看上去有点脑残的姑娘手里，这让他一时间难以接受。

通常情况下，刘子枫每个月只去学校象征性地上一天课，而最近却有点反常，这已经是他这个月第四天出现在教室了。

邵晓安咬着笔头，全神贯注地盯着黑板一动不动，也不知道她是在听课还是在开小差。刘子枫戳了戳她的胳膊："你别这么闷好不好，能不能说句话？"刘子枫声音小得可怜，没办法，只要他声音一大，邵晓安立刻吓得正襟危坐，眼巴巴地望着老师大气都不敢喘一口，更不会理他。

过了会儿，刘子枫接到一张小纸条："我不敢。"

"不敢？怕我还是怕老师？"刘子枫满脑门黑线。

"都怕。你都不让同学坐你旁边，肯定凶得很。"

刘子枫耐心地解释："不是我不让同学坐我旁边，而是因为我是催眠师，有时一些不经意的动作，会不小心影响到身边的人，你看！"刘子枫拿出一个摆钟轻轻地晃动起来，晃了会儿他就放弃了，邵晓安一直盯着黑板，根本就没看他。

他刚把摆钟收起来，讲台上就传来一阵鼾声，抬头一看，好吧，老师睡着了。

"哇哦，好厉害！"邵晓安冲他竖了下大拇指。刘子枫顿时觉得很有成就感，就算父亲的夸奖都没让他这么得意过。

"你是在变戏法吗？"

"噗！我是催眠师，白痴！催眠师是一个正儿八经的职业，不是什么变戏法！"刘子枫面对邵晓安总有种狗咬王八无处下嘴的感觉。

邵晓安当然知道催眠师，不过看着刘子枫，她脑海中还是不由自主地闪现出他穿着黄袍马褂，手里拿着桃木剑，嘴里嘟囔着："唵嘛呢叭咪吽。"在一个火盆上跳来跳去的形象，好逗。

五

“五一”假期的时候，刘子枫正坐在帝星大厦的顶层喝茶，透过玻璃，他突然在楼下浩荡喧嚣的人群中发现了一道略显娇小的身影，宛如湍急河流中的一片小木筏，正在努力地维持着自己的身体不被人流淹没。

刘子枫远远地看着她，冲助手打了个响指。

邵晓安被助手带到房间的时候，刘子枫正在打电话，看见是他，邵晓安转身就走，助手眼明手快，一把抓住她的衣领将她揪了回来。刘子枫放下电话冲邵晓安笑了笑：“过来聊会儿吧！”

“没空！”邵晓安扬了扬手里的传单，“我还要赚钱！”

刘子枫看着后背被汗水浸湿的邵晓安，突然觉得她有点可怜：“你很需要钱吗？我可以帮你。”

“我当然需要钱，不过我自个有手有脚，就不需要你帮我了。”邵晓安接过刘子枫递给她的玻璃杯小啜一口，“多少钱一杯？”

“你好，288。”一旁的酒店经理很有职业素质地回答了顾客的问题。

邵晓安双眼鼓起，差点一口将喝进嘴的茶水吐了出来，不过她却以坚强的意志力，硬生生地憋了回去，没办法，舍不得。

邵晓安一口将杯子里的茶水喝光，丝毫不在乎服务生眼里的鄙夷，伸出舌头舔了舔杯沿，要不是杯底太深舌头太短，估计她要把整个杯子都舔一遍。舔完后她将杯子放到桌子上，羞涩地看着刘子枫，怯生生地问道：“刘大少请客，应该不会跟我要钱吧？”刘子枫摇头。邵晓安转身就走，生怕看到他反悔的样子：“我走了哦，拜拜。”

邵晓安刚走到门口，就被一道身影逼了回来。

徐艳冰带着一群西装革履的人走了进来，她好奇地看着邵晓安，唇角流露出一抹挑逗：“还真是阴魂不散，刚才就在楼下看见你在发传单，怎么，什么时候帝星也允许她这种社会底层进来了？”

服务生看着徐艳冰眼神中的那一抹冰冷，露出了为难的神色。

邵晓安有些不乐意了，你可以瞧不起我邵晓安，但不能瞧不起广大的劳动者们，什么叫社会底层？邵晓安原本跨出门的一只脚硬生生地收了回来，昂首挺胸大跨步走到刘子枫身旁一屁股坐了下来。

“是我把她请上来的。”刘子枫抬了抬眼皮，伸手摆了个请的姿势，“徐小姐，请坐吧。你也是临瞿一中的，别的不说，好歹大家都是同学，你没必要这么为难邵晓安吧？”刘子枫淡淡地道。

“别跟我提什么同学，我为什么去上学的目的你又不是不知道。接下来咱们谈生意上的正事，无关紧要的人，我觉得可以离开了。”

“我觉得这次催眠表演的参演主角可以换一下了，李导，你觉得呢？”刘子枫扭头看向旁边一个秃头的中年人。

李导赶紧站起来打圆场：“刘公子别这么冲动，这次表演内容是令尊的最新研究成果，是能引起催眠界轰动的大事，借助徐小姐家族的帮助，才能更好地激发商业上的影响力和增加权威人士的关注度，这是双赢的事，我实在想不出能比徐小姐更合适的人选了。”

徐艳冰昂起高傲的头扭头看向一边。

“我倒是觉得有一个人比徐小姐更合适一些。”刘子枫将手里的杯子重重地放到了桌子上。

“谁？”

六

“我？”

邵晓安抱着腿坐在公园里的长椅上：“你别开玩笑了好不好？我不行。”她头摇得跟拨浪鼓一般，任刘子枫威逼利诱死活不同意，要不是话已经说出来了不好反悔，刘子枫真想一脚把她踹出去。

邵晓安虽然不同意顶替徐艳冰的位置，但内心还是很感激的，刘子枫竟然肯替她出头，而且为此不惜搞砸了一笔很大的生意，这让她有种淡淡的愧疚感，不过刘子枫却并不承认。

“其实，咱俩是一类人，身边都没多少同龄朋友。”刘子枫学着邵晓安的样子坐了下来。

“咱俩才不一样呢，你是因为太优秀太耀眼了，别人想跟你做朋友，你却根本瞧不上人家。我是因为太普通太丑陋了，我想跟大家做朋友，但他们都瞧不上我。”邵晓安看着凑上来的刘子枫将身子扭向一边。

“一个人的优秀跟他的长相无关，你知道徐艳冰为什么处处针对你吗？”

“还不是因为跟你同桌？”邵晓安翻白眼。

刘子枫摇头：“因为你身上有种耀眼的光芒，连徐艳冰都无法忽视，她怕自己被你比下去。”

邵晓安扭头傻笑：“真的吗？我哪儿优秀了？”

“你太傻太普通了。”刘子枫没理会冲他挤眉弄眼怒不可遏的邵晓安，“正因如此，所以你从来没有过不切实际的幻想，你知道自己该干什么不该干什么，我从来没见过一个姑娘面对那么多的刁难和冷嘲热讽还能宠辱不惊，就凭这一点，你就比别人优秀太多了。”刘子枫笑了笑，脑海中闪现出不管遇到什么麻烦都能傻笑着应对的邵晓安。

“那是因为我早就习惯了，看见没有？”邵晓安撩起刘海指了指额头上的胎记，“在我很小的时候我妈妈告诉我，这是精灵的眼泪，只不过，这个美丽的谎言是那么不堪一击。自从懂事那天起，我就无比痛恨这个东西，甚至想过用刀子割下来，后来我一直攒钱想把它打掉，直到有一天我翻老照片的时候发现，原来我爸爸的额头上也有一个胎记，这可是爸爸在我身上留下的记号，是我的宝贝！”邵晓安嘿嘿地笑了起来，她额头上有个小小的疤痕，不细看根本看不出来。

“那你爸爸呢？”

看着沉默下来的邵晓安，刘子枫才意识到说了不该说的话，他手足无措地将衬衣上的扣子解开，露出肌肉微鼓的胸膛：“你看，这颗痣是我妈妈给我留下的宝贝！”

邵晓安用手捂住自己的眼睛：“刘子枫你可别耍流氓！”

刘子枫透过邵晓安的指缝看见她骨碌碌乱转的眼睛，才意识到自己被耍了，这货根本没有半点伤心的意思！

七

由于遇到前两次催眠失败的经历，刘子枫这一次准备异常充分，沙漏、小摆钟、怀表、水晶球等装了满满一皮箱。

好说歹说，那天下午邵晓安终于答应了刘子枫的请求，在正式公演之前，刘子枫必须得确定他能够成功将邵晓安催眠。

“在我催眠你的时候，你必须要配合我，按我说的做，知道吗？”

邵晓安点点头。

刘子枫拿起摆钟在她面前晃动起来，邵晓安直勾勾地看着刘子枫手里的摆钟摆动得越来越快越来越快，到最后突然慢了下来，时间似乎在这一刻静止了。

刘子枫看着目光涣散的邵晓安满意地点点头：“把你的右手举起来。”

邵晓安乖乖地举起右手。

“把你的左手小指伸进鼻孔里。”

邵晓安乖乖地将左手小指伸进鼻孔里。

看着任其摆布的邵晓安，刘子枫得意地笑了起来：“干你现在最想干的事！”话音刚落，邵晓安一下扑上来抱住刘子枫，嘴唇轻轻地点在了他的脸上。

刘子枫瞪大眼睛当场石化，只觉得脑门轰的一声，一片空白，过了好一会儿他才回过神来，脸色羞红，一把将邵晓安推开了。这货最想干的事竟然是……刘子枫暗自抓狂，自己的脸就这样不明不白地被亲了。

被推开后，邵晓安醒了过来，她表情呆呆地看着刘子枫：“刚刚发生了什么吗？我好像睡着了。”

刘子枫干咳一声：“没，什么都没发生，催眠很成功。”

“哦。”邵晓安呆呆地应了一声。

邵晓安眼看着刘子枫又一次将摆钟举到了她眼前，随后再次目光涣散起来。

刘子枫看着再次被催眠的邵晓安挠了挠脑袋：“那个，那个，干你想干的事。”说完他红着脸闭上眼睛。

邵晓安再一次扑了上来，不过这次她并没亲上去，而是高高地抬起了右手。

啪的一声清响。

刘子枫捂着脸睁开眼睛忍不住咆哮起来：“邵晓安你个白痴，你打我干什么？”

邵晓安一脸莫名其妙地看着刘子枫，她表情依旧呆呆的：“刚刚发生了什么？我好像又睡着了，我打你了吗？”

八

离开场还有半个小时不到的时候，观众席上就坐满了人，摄影师们扛着摄像机拎着大摇臂严阵以待，记者们端着单反咔嗒声响个不停。邵晓安看着如此大的阵势吓得大气都不敢喘一口。刘子枫拍拍她的肩膀鼓励她：“千万别紧张，自信一点！”

邵晓安点点头：“我想跟你商量个事。”

“什么？”

“你给我准备的这身衣服我穿着不舒服，我想换回校服。”

刘子枫拍了拍脑袋：“这是我让设计师专门给你设计的，你知不知道这一身值多少钱？”他看了眼可怜巴巴的邵晓安，无奈地摆摆手叹了口气：“快去快回！”

时间一分一秒地过去了，邵晓安却不见了踪影，当分针转动到七点五十九的时候主持人在观众的掌声中走上了舞台。

“刘子枫先生在三年前跟随父亲研究在催眠状态下激发人的身体潜能，大家都知道，人在被催眠之后头脑中没有杂念，干起事情来更加专注，身体的协调能力、反应能力，包括体能等都是清醒状态下的好几倍，就好比有的人在梦游状态下一夜走了几百里地，有的人梦游时毫不费力地爬到十几米高的树上，醒来后却下不来了的例子数不胜数。倘若这项研究成功的话，不仅是催眠界，对社会各界都会产生不小的冲击，因为催眠不等同于兴奋剂，没有丝毫的副作用。下面就有请催眠大师刘子枫先生登场！”

刘子枫苦笑一声登上了前台，主持人看着独自上台的刘子枫微微诧异：“刘先生，据我所知您还有一个搭档，不知道……”

刘子枫歉意地笑了笑：“对不起，她去上厕所了，还没回来，希望大家稍微等一下。”

台下传来一阵哄笑和嘘声。

主持人一时没反应过来，也不知道该说什么，场面顿时尴尬起来，台下嘘声此起彼伏，甚至有人站了起来准备离场而去。

就在这时，一道身影从幕后蹿到了台前，她穿着一身校服呼哧呼哧地喘着粗气，接过主持人手里的小蜜蜂戴到耳朵上傻笑起来：“不好意思啦，我去扎了个刘海。”切换组故意给了个特写，光洁的额头上的青紫色胎记在银幕上被放大了十几倍，台下又是一阵哄笑。

主持人看着有些不受控制的场面轻咳一声：“就不耽搁大家的时间了，请刘子枫先生为我们表演吧。”

“邵晓安是我在一中的同学，她从来没有接受过任何专业训练。”刘子枫看向邵晓安顿了顿，她赶紧配合地挽起袖子和裤腿，露出自己的细胳膊嫩腿。

“邵晓安的体重是四十二公斤，她平时最多能举起五十公斤的重量，四十八公斤级抓举的世界纪录是九十八公斤，我要做的就是，利用特殊的催眠方法，让邵晓安能够举得起一百公斤的杠铃。”刘子枫没在意台下传来的窃窃私语，直接从口袋里拿出了摆钟。

刘子枫的双手规律地在她面前摆动着，翩翩起舞，摆钟或是旋转或是摇荡，邵晓安看着他帅气的脸庞微微失神，她想起那天她假装被催眠后吻了他一口的场景傻笑起来，这个浑蛋难道就没发现他从来都没有将我成功催眠过吗？邵晓安突然觉得事情有些大条，之前刘子枫不能将她催眠是因为她对刘子枫有着强烈的抵触，原本她以为只要自己配合刘子枫不对他产生抵触就可以被催眠的，毕竟刘子枫大师的名头不是盖的，可在邵晓安眼里，无论刘子枫手上的动作如何炫目，他都只是一个帅气的少年，自己根本没有半点被他催眠的意思。

刘子枫看着目光呆滞下来的邵晓安长舒一口气，擦了擦脑门上的冷汗，她的眼睛是那么纯粹清澈，没有半点杂质。

邵晓安在刘子枫的指挥下抬脚走到了杠铃前，她蹲下身子双手握紧杠铃，心里默数："1、2、3！"杠铃纹丝未动。

台下的观众席上传来一阵嘘声。

邵晓安看着眼前这副比自己还大、比自己都重好几倍的杠铃，不禁生出一股深深的无力感，可想起刘子枫看她时目光中饱含的希冀，她却不甘心自己就这么失败。催眠是什么，不就是让自己原本的主观意识模糊，潜意识里相信自己能做到嘛，刘子枫不能将我催眠，我就自我催眠，邵晓安握住杠铃，默念自己是奥特曼是超级赛亚人："1、2、3！"杠铃依旧纹丝不动。

它为什么就不肯动一下呢？我就不信了，邵晓安想起初三那年的暑假，她从乡下跑到城里找妈妈。中午十二点，妈妈正在扛水泥袋，她跑上前帮忙，吃奶的劲都使出来了，可就是扛不动。她双手死命地揪住袋子，指缝被凝结的水泥块割破，血水滴到地上都浑然不觉，她只想把这袋水泥扛起来，因为她知道，只要自己能多扛一袋，妈妈就能多休息一会儿。"1、2、3！"杠铃动了动，但依旧没有离地而起。

观众席上的人都快走干净了，原本乌压压的一片现在只剩稀疏几个人。

邵晓安脸色憋得通红，牙齿咬得咯嘣咯嘣响。"1、2、3！"邵晓安用力一拉，没拉住，惯性作用下一屁股坐在了地上。她抬头看了眼刘子枫，刘子枫也在看着她，眼中的失落一闪而过，邵晓安接着傻笑起来，失败了又有什么关系呢，反正自己本来就是个灰姑娘。她拍拍屁股站起来，再一次握紧了杠铃。"1、2、3！"

九

刘子枫的实验成功了，尽管邵晓安直到最后也没有将杠铃举起来，但刘子枫原本就没有想过要让邵晓安将杠铃举起来。

在邵晓安第十次试图将杠铃举起来的时候，刘子枫将她拦住了，紧接着原本散场的观众竟然又陆陆续续地回到了观众席上。刘子枫拉着一脸疑惑的邵晓安，接过主持人手里的话筒开始了演讲。

通过刘子枫的演讲她才知道，自己被耍了。

刘子枫打一开始就知道自己无法将邵晓安催眠，那根杠铃也不是只有一百公斤，而是整整三百公斤。刘子枫的理念很简单，催眠术只是一种让人的主观意识陷入沉睡，从而引发潜意识主导身体的手段而已，并不能使人类突破自己的生理极限，只不过能让人更加纯粹地激发自己的身体潜能。而邵晓安是个单纯的姑娘，单纯到甚至刘子枫都无法将她催眠，因为她内心里始终都有自己的坚持，所以她面对生活的压迫时总是不折不挠，所以她纤小的身体里能爆发出令人惊叹的力量，那道被杠铃硬生生地在地面上拖出的七八米的划痕就是最好的证明。刘子枫跟父亲所研究的不是催眠别人，而是一种让人自我催眠的方法。

邵晓安在刘子枫演讲结束后就悄悄离开了，一个人游荡在深夜的街道上。虽然刘子枫的演讲赢得了台下观众连绵不断的掌声，但邵晓安却不以为然，她觉得刘子枫讲的跟那些卖《成功心理学》的人讲的没什么两样，都是骗人的东西，成功不可复制，也不是光凭借努力就可以得到的东西。她只是想好好学习将来能多赚点钱跟妈妈过上好日子而已，平凡而又普通。

邵晓安摸了摸额头上的胎记，刘子枫在演讲结束的时候在她额头上轻轻吻了一下，到现在都有种湿漉漉的感觉。刘子枫当众说邵晓安是他见过的最美丽的姑娘，其实每一个平凡而又有梦想的姑娘都是最美丽的姑娘，她只不过是其中的一个罢了。

邵晓安在离开之前给他留了一张小纸条：

你永远都不知道，

当你看到我在傻笑的时候，

我的心里在哭什么。

月光朦胧，邵晓安行走在城市的钢铁森林里，远处的灯火阑珊和喧嚣吵闹都与她无关，她甩了甩酸痛的胳膊嘿嘿地傻笑起来。

318
4444
加油
走出来
川藏！
滇藏

梦想，是沉甸甸的时光 文/李娜

你梦想的落日我已走过千山万水替你拍下。其实，日出和日落一样美好。

一

你打来电话的时候，我正费力穿梭在上班的人潮中。

冬季干冷的风扑面而来，肆意侵吞着从家中带出的微弱的温暖。我裹紧衣服低头快速行走，然后用手揉着麻木的脸颊。匆匆，匆匆，心里蓦然回荡起这四个字，竟也有了些许怅然。

第一遍电话，我并没有接起，想着迟到会被训斥的场景，便没有心思吐一个字。而你却不依不饶打来第二遍，我从包中摸索出手机，摁下接听键便放在右耳上，没有理会屏幕上闪动着的你的名字，一个“喂”字便暴露了所有的不耐烦。

你说：“是我。”

我听着那个陌生又熟悉的声音从世界某个角落穿越时空而来，一瞬间大脑空白，讶异与欣喜泛滥，多日的辛酸竟也从心底翻涌上来，恍惚间眼眶已噙满了泪。

你我皆无言，但我知道你仍在。半晌后我喃喃道：“你死到哪里去了？”声音里已掺了哽咽。

“我想你了啊。”眼泪终于砸了下来。

“二十多岁的人了，还哭？”语气听起来像是笑着的，但我可以听得出刚才的平静不复存在，取而代之的是慌乱和不安。

“没事，什么时候回来啊？”我试图让气氛变得轻松起来。

“小芷，我不想回去。”也许是反复咂摸了语气的决然后发现不妥，你又笑着说，“我给你写邮件了，放心，我一切都好。”

而后便是有一句没一句地说着，积攒在心底的话找不到合适的宣泄口，唏嘘慨叹竟都沦为寡言，你我已不复年少，大喜大悲的张扬早被岁月磨得平整，哀乐埋伏于情感深处，你我已丧失了在成熟的界限上伪装年幼的权利。

已经记不得是怎样挂断电话，我站在这喧嚣的城市中央，忽然真切体会到何为怅然若失。

这么多年，你已将自己放逐在天涯海角，我却仍在生活中奔波困顿，然终不能自赎。

时光纷至沓来，恍惚间岁月已斑驳。

二

远而未逝，淡而不离。我已无从确认回忆的阀门会从哪一个细微的缺口处打开，又将于何时结束。

隔了远山、江河和炊烟，那些沉睡在多年前的记忆交织成网，紧紧攫住灵魂，轻而易举打上往事的标签，而我无能为力。我一直偏执地认为时间的伟大在于它的治愈与遗忘，一切终会了无痕迹，可也终于明白记忆是凌驾于时间之上的姿态，众生亦如此。

十二岁的年纪，蝉鸣聒噪的季节，第一次在图书馆遇见你，我们把手同时伸向了书架顶端的《红楼梦》。书似是放了很久也无人问津，手指触碰的一瞬间依稀可见尘埃飞舞，带着顶端的寂寥与落寞。

“你不看那些吗？”我顺着你的视线望去，目光定格在喧嚣的青春小说上。

我摇摇头，抬眼便看见你把书递到我面前：“喏，你先看好了。”我这才细看你，长发飘飘，姣好的容颜。

“我不看宝黛的爱情，也不看贾府的兴衰更替，我只觉得这是一座巨大的囚笼，活也不为自己而活。我只需以此时刻提醒自己，然后反复催眠，闯出去，便能活过来。”

我在十多年后的今日倏然回想，不禁叹息。当年只觉得你是与年龄不匹配的成熟，却不想时光兜转，不过是用如今去印证曾经。往事一语成谶，你我早已四散天涯。

我们总说偶然，带着因不确定而被赋予的忐忑和欢欣。若说遇见是偶然，那在这偶然后长达数年的缘分也使我感叹人生，甚至于感激命运。我们总无言，哪里有书便奔向哪里，而后各自徜徉于精神世界，说是书友太过平淡，缘分使然，知己倒也无妨。

某日你终于与我谈起书以外的话题。你说梦想太沉重，须以时光做载体，在反复挣扎中寻求。你说你想要简单，若身体和灵魂总要有一个在路上，你愿用旅途的长度去代替脑海中的千山万水。活着，走下去，直至风烛残年。

我默然，许久后低语，我想拍下世间永不相同的落日，然后定格。可我们的出生便带着与世界千丝万缕的联系，无法割裂与逃离，也决定了我们向往的随心是遥不可及的梦想。毕竟我们无法只为自己存活，是悲哀，亦是无奈。

你粲然一笑，说：“你要相信我。”

我不置可否。

初中三年时光匆匆，心智停留于一个阶段，忧伤苍白，所以我们总是缅怀年少。高一开学时，我在新学校的新教室见到你，心下惊喜，又掺了份莫名的安慰。恍然记起在过去的三年里我竟对你一无所知，甚至名字也不知晓。

“我是莫年。”“我是江芷。”不约而同地报出名字，短暂错愕后便彼此会心一笑。

纵然岁月在时间的齿轮上呼啸着碾压过去，可我仍庆幸，对酒当歌，人生几何，得你一人足矣。

你一向书不离手，但这丝毫不影响你优异的成绩。居于榜首，惹来无数歆羡，我也只能仰望。一日你旷了课，我焦灼无比地在天台找到你，你竟喝醉，目光游离地告诉我，你并不在意外在的东西甚至厌恶，但不得不去追逐，由此学会强迫自己。这是生活的不得已，而你也要不得已而为之。若是没有筹码，就无法得到自己所想。谁也无法依靠，我只有自己。

那是我第一次也是最后一次见你落泪。生易，活易，生活不易，我也在懵懂间察觉。

有时我又觉得自己并不懂你。

高三悄然而至，无形的硝烟在全国蔓延，你我也被灼痛，只得收起书拿出久违的课本，去追逐那个遥不可知的未来。疲累与彷徨不必多言，只能在日复一日的重压和自我凌虐下学会义无反顾，然后头也不回地走下去。

有时累极，便与你坐在操场的草地上，你笑着对我讲曾经吃饭的时候，手会握住筷子顶端，母亲忽然问："你这么想离开家吗？"你愣怔，忙问原因。母亲轻叹口气，告诉你老人曾讲过握的位置越高离家也会越远。末了各自沉默。

"小芷，即便明知自己是天地间一蜉蝣，但也无法克制想要拥抱世界的念头。哪怕在这广袤中死去，我也不愿在生活的琐碎中失去自己。"你说罢一笑，带着落寞的意味。我心下怆然。

黑色六月如同挂在心上的九百九十九把锁，高考呼啸而来，夹带着所有希望苦痛而去。成绩下来的时候，一切也在预料之中。我不忍见父母不舍的目光，选择了本省的一所普通大学，而你的成绩足够去北京念重点大学，最后却选择了南方的学校。问及原因，你说自己骨子里便带有决然，你只想找个温润的地方，变得心如止水。

送走你的那天夜晚，你坐最后的航班，拥抱良久，千言万语却不知从何说起，唯有一句"珍重"。你说："小芷我的旅行要开始了，也许我不会再回来，但无论我在哪里都不会忘记你。"

我看着飞机在视野里变成一个点，然后消失不见，最终落下泪来。你终究还是走了。

如今细想，那竟是这么多年里我们最后一次相见。

三

一整天心不在焉，下了班便直奔回家上网看你发来的邮件。万千思绪在大脑盘旋，像是要把多年的感慨一时都耗尽。

你过得如何，我无从知晓，只是日复一日地给你发着短信，内容很平淡，无非是最近发生了什么今日又见了谁，琐碎的生活除了你我也不知道该向谁倾诉。你总是关机，行走于每个陌生的角落，我也学会对着你的号码自言自语，然后想你是否会忘记我。每隔一段时间便会收到你的明信片，有时寥寥几语，有时是一首小诗，不同的风景昭示着你行走至何处，于是我也放下心来。

我打开邮件，标题是“迟到多年的信”，一瞬间好似你就在我身边。梦真重，时光那么匆匆。

小芷：

见信佳。

原谅我隔了这么久才给你这些微弱的信息，想积攒足够多的故事再讲给你听，可我渐渐发觉生活本身就是故事，无论我是何种角色，终逃不过在故事中的困顿或救赎。

曾经我认为世界斑斓，可如今我如游魂，以旁观的姿态看过所有喜怒哀乐，扎根的地方远在天涯，我也没有把握此生能否寻到那份梦想。

多年前临别的时候，我正在迷惘。父母终于离婚，各自已有归宿，我忽然觉得家园好似废墟，我如浮萍一般，成为人人可抛的附属。我无拘无束可以去任何地方，但走后便注定已无归途。多年后再谈起这些，心境的跌宕早已不在，平淡得像在叙述无关紧要的事。可是你是否知道，你的出现就像一道影子，时刻提醒我生命犹在，我还能找到存在感。此刻我多么感激命运。

我走了很多地方，行走仿佛已经成为本能。你的信息我全部珍藏，时时翻看，早已烂熟于心，可想回复的时候，又不知从何说起，只能作罢。你只需确信，我从未忘记过你，相反那些记忆随着时间的推移愈发明晰。

我学了最爱的吉他，那种流浪的气息让我迷恋。有时生活困顿，便去酒吧驻唱，形影单薄时，便弹给自己听。这些年，我做过无数兼职，住过潮湿廉价的地下室，凭自己的能力赚取旅行所需的费用，攒够，就再启程。我已经深陷在放逐的感觉中，这让我无法自拔也不能停下。小芷你知道吗，在看到那些天地间最朴素原始的风景时，我觉得一切都那么值得。

我曾说过西藏是我旅途的最后一站，因为我想用沧桑去读它的沧桑。但我终究还是克制不住想要与它无限接近的念头。我站在天地间，视野里青冥浩荡，绛紫的烟霞和安闲自适的牦牛尽收眼底，我渺小得像要失去自己，可仍然甘之如饴。这是万物最纯粹的模样，我满怀敬畏，似乎窥到自己的前世今生。我见过虔诚的朝圣者，经幡在高原猎猎作响，那种眸子里刻定的信仰让我肃穆，灵魂像要飞升。小芷，那一刻我觉得自己宛若新生。

我在贫困的地方支教，在这之前，我完全不能想象会有这样一种生活，言语已不能表达我的震撼和内心的酸涩。在普遍厌倦乏味学习的时代，那种从内心深处迸发出的对知识的渴求让我羞愧。那种目光就像火焰，在我心底燎原。在孩子身上，我才触摸到真正的善美，这是浮躁的物质社会所不能给予我的感受。我似乎真正成长了，在蓬勃鲜活的生命里。

《给庐隐》中说：人生是时时在追求挣扎中，虽明知是幻想虚影，然终于不能不前去追求；虽明知是深渊悬崖，然终不能不勉强挣扎，你我就是这样，许多众生也是这样，然而谁也不能逃此罗网以求自拔。

人言近乡情怯，其实我是个怯懦的人，这么多年来我一直在忘记自我，想要变得更空旷。也许我不会再回来，但我依旧在你身旁，在无数个不眠的夜晚里思念你。

愿安。

我没有开灯，电脑微弱的光将我包裹，深夜月凉如水。

那些梦想远了又远，碎裂在现实中，我为生活奔波，周旋于琐事，直至被打磨得碌碌而平庸。毕业后在父母的劝告下回到小城，考上了公务员，按部就班地活着，机械似的作息让我麻木。其实我早已预料到未来的走向，血缘的羁绊无力反驳。可在无数黑夜里，在无数回忆袭来的时候，我又那么怀念曾经的梦想，未拍下的落日在心头跌落。

有时我真想挣脱，想问问自己该如何走下去，用何种力量来支撑余生，可是没有人回答我，所有人步履匆匆，我只有随波逐流，因为我要生活。可我是那么不甘愿。跟别人谈梦想吗，等待我的是不可思议的目光，我走下去，连回忆也日渐苍白，我又有什么值得回忆的呢。

迈入相亲的行列，男友是父母相中，人虽木讷但踏实本分，我也默许了。我在想哪天嫁了就算了吧，人说婚姻是爱情的坟墓，我连爱情都没有，人生已是死无葬身之地。

我想逃，可我无法逃。那些梦想终会渐行渐远吧。

我怎么又哭了？

四

“我要结婚了。”

给你发过这条信息，忽然觉得惆怅，人生短暂，不过如此。然后便开始忙碌地筹备，礼节烦琐，我也寻不到丝毫快乐，无非是按照流程将自己从一个囚牢锁进另一个囚牢。

早上请好了假去试婚纱，刚要出门便响起敲门声，我抱着外套去开门，念叨着：“马上就好。”可当我抬起头时，忽然觉得这是一个梦境，一个幻想多年的梦境。

你就这样真实地站在我面前，容颜未改，只是肤色还带着高原赋予的黑色，眼角的疲惫一览无余。

外套从手中滑落，我们就这样彼此沉默着站在两端，积攒了多年的泪刹那间涌出，我从最开始的低声抽噎到放声大哭，拼命要自己的胳膊来确认这一切是否真实。你奔过来捡起外套，然后笑着说：“二十多岁的人了，还这么孩子气。”可声音里也分明带着哽咽。我只能抱紧你，像抱紧整个世界。这么多年，第一次感觉到如此安心。

你陪我去试婚纱，路上我说：“我以为你不会再回来了。”你说：“我亲爱的姑娘要结婚了，我怎么可能缺席？”我心下既感慨又惊喜，终于，还能再见到你。

换好婚纱出来，你走过来帮我整理，我回过头看见你眼睛里流露出的歆羡，一时心中隐痛。你说这么多年一直在行走，将自己融入广袤的空旷中，悲喜都沦为淡然，有段时间觉得自己似乎丧失情感。现在已不敢去奢求寻一个落脚点，当心胸无限空旷，便找不到停下的理由。说是自由，其实也不过是无休无止的漂泊。我无言，谁都有难言的苦痛，这就像伤疤，在哪里只有自己明白。

我拉你去粥店，点了你最爱的荷叶粥。你一勺一勺认真地喝着，那种虔诚的目光像在饮世间的珍品。我静静看你，你抬起头笑着说：“这真的是家乡的味道了。”然后泪水砸在碗里。我叹息，即便日子再难，我们也不敢饮鸩止渴。

你买了很多酒然后带我回你之前住的地方，打开门的一瞬间尘土扑面而来，带着久未居住的生冷的气息。你在每个房间停留，眼神寂寞，我知道，那些记忆全都回来了。我默默站在原处看你，你最终回过头来笑着说：“你看，还是原来的样子。”

可是早已物是人非，我们都懂。

我拎着酒向你走去，随意坐在蒙尘的沙发上，我说：“我们不醉不归，醉了，就什么都忘了。”你说：“好。”之后说了什么已记不清楚，只知道这么多年从未如此酣畅过，我想让你醉了忘掉一切痛苦，却不想先醉的竟然是自己。

醒来已是中午，我在头痛中睁开眼睛，茫然地盯着天花板想这是哪里。恍然记起昨天的一切，立刻站起来喊你的名字，房间空荡，声音在墙壁上反射后回到自己的耳朵里，没有回应。我低头看着你给我盖好的外套，然后发疯般地在每个房间找你，打给你的电话提示我你已关机。我知道你不在了，我知道，可我是那么不愿意相信，现实如幻梦。

我倚着墙边滑落在地上，眼角的余光忽然捕捉到沙发边多出的偌大的蓝色包装盒。一步步靠过去，看了很久后小心翼翼打开。无数照片整齐地码在一起，染红天边的落日、从枝丫间透入的落日、茫茫江面的落日、有雁群飞过的落日、海上的落日、山间的落日……所有落日闯入我的视线，火红的颜色刺得我满脸泪水。我一张张地看，一张张地数，喉咙哽咽得发不出声。

敲门声持续了很久，我抱着照片走过去开了门，是男友。他看到泪水先是错愕，然后小心地告诉我是你用我手机发了短信让他来接我。我无心去想，转身回到房间跪在沙发前，执拗地数着，那是我曾经的梦想啊，这么多年了你竟还记得。

男友沉默地蹲在旁边，末了小心地伸出手抚摸我的后背，然后拿起散落的照片，轻声说："你不要哭，你想去哪里，我就陪你去哪里，你不要哭。"

我讶异于一向木讷的他竟学会了安慰，抬头，便见他一脸赧然，目光真诚地望着我。

照片数到第九百九十九张，也是最后一张，背面是久违了这么多年的你的字迹。

小芷：

原谅我的不辞而别，我怕当面告别，自己会不忍离去。你梦想的落日，我已走过千山万水替你拍下，作为新婚礼物送你。我知道你向往我的流浪，但殊不知，你的安稳也是我所歆羡的。不要把自己排除在生活之外，其实，日出和日落一样美好。愿你婚姻长长久久。

我翻过照片，唯一一张日出的景象撞入眼中，喷薄欲出的金色吞噬掉了黎明前的黑暗。

我久久默然，泪眼蒙眬间，恍惚看到我们最初的模样。

PART 2

生活在别处

阿津 文/炙荼

分开的时候毅然决然，好似读完一本书理所当然地将它放归书架那样。

一

我在清明节前一天失恋，愤愤不平又伤心万分地同阿津在街道上散心。路边画着不少用来烧纸的白圈，风一吹，洋洋洒洒的纸灰便兜头而来。我出门前精心打理的头发被吹得像路边群魔乱舞的柳条，此时我苦大仇深的表情倒是相当应景。阿津指着我捧腹大笑，说他想起了《射雕英雄传》中的一个场面。

“那谁出场的时候不也是面目狰狞阴风四起，刚好你们都为情所困痛失爱人，叫什么来着，瞧我这记性……”还没等他说出来，我就张牙舞爪地向他冲过去。

“我要是他，我也跟你分手，不然迟早有一天被九阴白骨爪抓死。”装模作样地追逐了一段路，他站在离我不远的地方上气不接下气地说。

“放屁。你这个吃里爬外的东西，就知道把胳膊肘往外拐。”

“年龄大了关节也不好使了，我还真拐不过来。”他把手臂扭来扭去向我示范。

“你在我家白吃白喝那么多年还堵不住你的嘴，要是被我抓住，小心你的皮。”我威胁他说，用我妈长年以来每天都要吼七八遍的话。

“哎，女孩子家说话得积点口德。看你这生龙活虎的样子挺开心啊。”

“你哪只眼睛看见我开心了？”

“两只眼睛都看见了。”阿津特别较真地回答了我，食指在脸上划来划去，“左边的，还有右边的。”

“总不能像被你始乱终弃的一众前女友似的，又哭又闹寻死觅活吧，看都看够了，就不用我亲自实践了。”我反驳道，同时已经习惯了阿津时不时脑神经串线了一般的举动。

“别仗着学历高乱用成语，什么叫始乱终弃，那叫道不同不相为谋。你啊还是继续沉浸在拆伙的悲痛中，少说几句多哭几声。”阿津从来不承认我的失恋，他总说我这种小屁孩不懂得什么是爱情，顶多是两个人在一起搭伙玩过家家的游戏。

“我一点都不想哭，我只想买一把纸钱烧给他，让他现在就去死。”

“啧啧，最毒妇人心，古人诚不欺我啊。”阿津一边调侃我，一边在一个拉着三轮车的小贩那儿买了一大把花花绿绿的纸钱。

“你倒是便宜点呀，卖得快比打印纸都贵了。”

“这给祖宗烧的玩意儿你还在乎那么点钱，这年头做生意不容易，活人钱难赚，死人钱更难赚。”

“你瞧瞧这沓明显淋过雨了，要不是我，你这搁到明天就没人买了。谁不知道钱难赚屎难吃，死人还能比活着的更重要？”阿津说得滔滔不绝舌灿莲花，我瞬间觉得他不去说相声的话，谐星界的一颗巨星就要这样被埋没了。末了他终于讲好了价，眉开眼笑地回到我身边。我却极力地想避开，装作不认识这个丢人的神经病。

“虽说吧你恶毒了点，不过我也不是什么善茬，就是喜欢干助纣为虐的事。”他塞了一把纸钱在我手里，笑容奸诈。

二

我从小跟阿津一起长大，却算不上是青梅竹马，因为他大我整整八岁。

在我情窦未开，桌子上刻着三八线，并将越线的男生用圆规扎得哭爹喊娘的时候，阿津已经牵着某个姑娘的手逛遍了这座城市的大街小巷，水火不容、有我没他的敌对观念，在阿津那里已然成长为异性相吸、含情脉脉。而我开始小心翼翼暗恋一个男生，连说话都会脸红的时候，阿津的身边早就走马灯似的换了一个足球队那么多的姑娘。

他自诩相貌不凡、风流倜傥，我总说他是人模狗样、下流放荡。可是不能否认阿津的相貌确实颇受姑娘们的喜爱。他看起来就像书中描绘的玉树临风、文质彬彬的公子哥，可要究其实质的话，胆敢描写阿津的那本书放在特殊年代，烧个一百次都不够。

要不是他走路有点跛，估计那支足球队已经发展成了一支数目庞大的啦啦队。

阿津曾经是一个不折不扣的混混，打架泡妞飙车一样不落，说不定还有违法犯罪的事，哪天让我知道了，一准地大义灭亲第一时间举报他。

那年头还没电瓶车，满街跑的都是屁股后面冒黑烟的烧油摩托车，阿津买车花了四千，改装就用了两万多，每天半夜和狐朋狗友约好去公路上飙车，赢一次就能拿一千块钱。阿津胆子大技术好，所以即使每天游手好闲，日子也过得相当滋润。

那时我跟阿津的关系并不好，在他的身上简直是集中了所有反面教材列述的缺点，我唯恐避之不及。他总是喝得不省人事，酒气熏天，脾气还极差。因为我将他的宝贝摩托车划花了一道，他就把我骂得狗血淋头，还威胁我要剁了我的手。这件事我倒是没多少印象，而是我妈看见我跟阿津勾肩搭背的时候告诉我的。阿津一脸哥俩好的表情说那是我妈添油加醋想离间咱俩的感情，我说你这么认真地为自己开脱那这事肯定就是八九不离十了。

再后来，阿津终于在公路上出了事情，那晚他喝了半斤白酒，有人打电话来约他赛车，说是赢了有五千可以拿。这不是个小数目，阿津想都没想就答应了。

晚上有雾，在拐弯的时候他没看见路边临时架设的护栏，一头撞上去栽进了沟里，他左边的膝盖骨碎成了五块。我不知道膝盖骨的构造是什么样子，大概就跟一块圆形的镜子一样，扔在地上，啪地裂成了好几瓣。

出院之后，他就像变了个人似的，大家一度怀疑他车祸撞坏了脑子。阿津在院子里亲手把那辆被撞得变形的摩托车砸了个稀巴烂，这让在场爱财如命的邻居大爷心痛得差点背过气儿去。我妈以为他疯了准备带他去医院再做个脑CT的时候，他却一本正经地开始找工作，表现出改邪归正的架势，虽然后来因为他初中毕业的学历吃了不少闭门羹，可总好过他在外面惹是生非，至少现在性命无忧。用我妈的话来说，家里养一条光吃不叫的狗时间长了还有感情呢，再说他都在我们家浪费了那么多米粮，要是哪天真死了，还怪可惜的，口粮都够喂大几十头猪让我们家发家致富了。

不过我们还是低估了他能折腾的程度，一颗心刚放回肚子里，又被他提上了喉咙。

虽然阿津从一个脾气火暴的混混变成了油嘴滑舌的瘸子，可他还是坚定了重拾飙车的信念。而且这一回飙的是汽车。我妈知道这件事后，扬言要跟他断绝关系。我在一边煽风点火，说阿津你下次别要死不死地留一口气，你直接一次死透了器官还能卖几个钱，就当还给我们家饭钱了。

三

在建立卫生城市的风气还没刮到我们这座小城市时，大街小巷贴满了各种各样的野广告，包治百病、重金求子、借贷杀人、办理假证，我甚至在公共厕所的墙上看见了贩卖枪支的字眼。而阿津就是在这堆广告之中得到了赚钱的启发。

他和昔日的狐朋狗友们凑钱买了一辆二手桑塔纳，专门在上下班高峰期跑黑车。而且人手一本以假乱真的驾驶执照，这次可是下了大血本。别人开车，我无话可说，那敏捷都是公路上生死相搏练出来的反应。阿津不一样，伤到了腿，保不齐有没有留下后遗症，说不定哪天神经出了毛病腿不听使唤，该刹车的时候刹不住。

这作死的行为在我们家得到了坚决的抵制，我妈连着三天都把他锁在屋子里不让他出门。软硬兼施了好久他都不为所动，魔怔似的认定这是一个能赚钱的门路。我妈磨不过他，放他出去，还写了保证书，要是因此连累了别人，跟我们家一点关系都没有。

私底下我埋怨我妈对阿津太过苛刻，都是一家人，在钱的问题上太过刻薄会伤感情。我妈一本正经地拿出家里的账本给我看。“要不是你爸在外辛苦赚钱，这个家早就叫你们这俩祖宗折腾光了。刨去上次贴给他的手术费和你的学费，剩下的钱就够日常开支。你自己算算，他要是再出点什么事，你是不吃饭了还是不上学了？”我仔细一琢磨，也是这么个道理。

可是再坚定的立场也抵不住阿津的谄媚，为了间接地讨好我妈，他每天早上都开车送我去上学。我平时定六点的闹钟，常常在床上赖半个小时才能成功起床，然后蓬头垢面地穿好衣服直奔公交车站，早饭也来不及吃。有了阿津这个专属司机之后，我不仅每天能多睡二十分钟，还能慢条斯理地吃个早饭。不用在拥挤的车厢里呼吸浑浊的空气，我觉得我的人生观都变得积极向上起来，难怪大小姐们总是一副悲天悯人的善良模样。

就在我沉浸在这种优待之中飘飘然的时候，我妈告诉了我一个噩耗，阿津出事了。我接了电话就往家赶，一边想象着他血肉模糊的样子，一边盘算着我是不是即将成为一名辍学少女。

我已经酝酿好的一瓢眼泪在眼眶中来回打转，就等着一开门扑向阿津的遗物。没想到一开门就看见他那张明显有求于我欲说还休的脸：“你快劝劝你妈，阿姨年龄大了心脏不好气出毛病怎么办？”

“阿姨？”我妈一耳光扇向他后脑勺，我跟着心中一颤，下意识地往后躲。

“这些钱我不替你出，你最近开车赚的钱呢？”

“本都没赚回来，哪来多余的钱？那些浑蛋天天开车接送女朋友，车到了我手里还得贴油钱。”阿津摊手，一脸要钱没有，要命也肯定不舍得的表情。“你自己不是浑蛋？”又一巴掌下去，我听得心惊肉跳，“洗个车能要你多少钱？

大白天跟着洒水车跑你是嫌自己不够显眼是吧。交警不拦你拦谁？这钱我帮你垫上，下个月必须给我还了，不然你就收拾东西滚出去。”

我刚想上前帮阿津说两句，毕竟这两个月他送了我好几次。我妈一个眼神瞪过来我就服了软，决定继续作为她的贴心小棉袄跟她统一战线。

“看你干的这能叫人事吗？”为了表明立场，我尽量让自己的语气像电视剧中欺负丫鬟的姨太太一样充满着不屑和鄙视。这个曾经嚣张跋扈的男人此刻如同一条落水狗，垂头丧气地瘫坐在沙发中。

四

阿津卖了车，每天游手好闲，前后介绍了几份工作不是嫌太累就是顶撞了上司最后不了了之，彻底变成了一个无业游民。他的爱好也从飙车变成了换女朋友。

这也是我跟阿津革命友谊的开端。

我成了一个蹭吃混喝的职业电灯泡，同时担任着间谍和反间谍的双重身份。阿津的女友总会想方设法从我嘴里撬出他的心意和情史，可他本人早就许下各种好处将我买通，把他那些莫须有的专情与温柔吹得天花乱坠。每当玩腻了一段感情，想要甩掉麻烦的时候，阿津就会把我推出来当挡箭牌。

“其实我喜欢的是她。”不知道是他第几次说出这句话的时候，我只能秉承着职业精神带着一副泫然欲泣、楚楚可怜外加有愧于心的表情，躲在他身后，看着即将成为他“前女友”的姑娘气得满面通红、口不择言地破口大骂。

“我早就觉得你们不对劲了，狼狈为奸，还骗我说她是你妹妹！”这是阿津惯用的借口，那年我十七岁，遗传了我爸的身高优势，足足高出同龄人半头。加上阿津天生长着一张娃娃脸，人也白净，跟我站在一起，几乎看不出来太大的年龄差距。

“我觉得这个地方应该用‘奸夫淫妇’这个词更恰当。”我低着头小声地说。阿津用胳膊肘偷偷地撞了我一下，我就又是一脸悲痛的表情默不作声。不是我演技好，而是阿津下黑手真心疼。不过仔细想想，被阿津这么培养着跟他一起招摇撞骗，奥斯卡小金人迟早是我的囊中之物。我还沉浸在幻想中的时候，姑娘已经给了阿津一巴掌然后抹着眼泪扬长而去了。

这个场景见怪不怪，我乐不可支地骂他活该。我知道在接下来的一段时间里我又会收到不少该姑娘谩骂的短信，直到她走出旧的情伤开展新的恋情。曾经还有个姑娘将我的手机号发布在交友网站和租房网站上，每天有几十个电话打进来问我“出来一次多少钱”和“什么时候可以去看房”。相较之下，只是对我进行语言羞辱的人真是太温柔了。

我不断地被那些只比我大两三岁的姑娘当成朋友，然后再背叛她们让她们把对阿津的恨转移一部分在我身上，我也喜欢过她们中的某些人，比如那个说话柔声细气、眉眼永远像是在笑的姑娘，再比如那个性格火辣在我被舍友欺负之后还帮我出头的姑娘。

我从来记不住她们的名字和长相，也没有必要记住，阿津就像收藏邮票一样对待每一段感情，细致摩挲过后就夹在集邮册里，很长一段时间都不会再去翻开了。他对待每个人都认真，说过的情话从无重复，浪漫的事情不厌其烦，他对每个人又不认真，分开的时候毅然决然，好似读完一本书理所当然地将它放归书架那样。

五

后来有一天我终于相信了“人心或可昧，天道不差移”接下来的那句话。

在我特别喜欢的小男友随便找了个借口将我甩掉，和隔壁班浓妆艳抹的女生在一起之后，我连逃了一周的课，在家哭得昏天暗地，恨不得连汗水和尿液都化作眼泪才能表达出我有多么伤心。

“害怕耽误你前程这个借口怎么想都是漏洞百出，要是真心喜欢你一准拉着你一起刻苦奋斗，说到底是厌倦你这样的，可一时又挑不出什么大毛病来，只能这么敷衍你了。”阿津凭着他多年经验，有理有据地帮我分析着。

“都怪你！平时你玩弄别人的感情，现在报应到我身上来了！”我扯着嗓子跟他大喊，“你这种人渣凭什么赖在我家？”切身体验到感情受挫，才明白姑娘们对阿津的爱之深恨之切。我一股脑儿地把她们说过的脏话不重样地都发泄在了阿津身上。

等我说累了停了下来，他给我倒了一杯水问我：“那你想怎么样，我都听你的？今天你说往东，我连眼神儿都不带往西瞟。”

从理发店出来，我顶着一头枯黄的稻草，而阿津是鲜红的毛线帽子，远看还以为是两盏信号灯。当然，形象改造这个钱是阿津出的。

“你确定这样就是他喜欢的类型？”我问阿津。

“不清楚，反正不是我喜欢的类型就行。”他的回答让我摩拳擦掌。

第一次染头发的我不知道洗完没吹干会将颜色蹭在衣服上，而阿津从来都是不注意细节的人。所以第二天早上起来，我的枕头还好，但阿津的枕头就像极了凶杀现场。我妈夜班回来看见这幅惨不忍睹的景象，以及两个人不人鬼不鬼的东西，当即脱下高跟鞋砸了过来。

“跑！”阿津说。外套也顾不上穿好，我们怪叫着冲出门，大呼小叫鸡飞狗跳。不少好事的邻居把防盗门打开一条小缝看热闹。

“大的不学好一天白吃白喝，小的也不是个省油的灯，一个不务正业，一个不学无术，你们俩有多远滚多远，死在外面别回来了。”我觉得我妈一定是气坏了，像她这种字都认不全的文盲妇女能一口气蹦出两个成语来，一定是物极必反。

染黄的头发没能像我想象中的一样让我咸鱼翻身，反倒是落下了话柄，说我东施效颦自取其辱。当阿津看着我沮丧模样的时候，他一副早就知道了结果的样子，拍着我的脑袋安慰说：“别难过，我教你个成语，叫偷鸡不成蚀把米。”我实在没心情纠正他那其实是一句歇后语。

我说：“阿津，我再不能帮你骗姑娘了，善恶终有报，咱俩走得太近了，这报应报在我身上了，所以我得离你远一点。”

阿津说“好”，大有风萧萧兮的感觉。

然后我一门心思地扑向了高考，成为埋在复习大军中的一员，犹如我当年全神贯注在我喜欢的人身上一样，其后的日子可谓兵荒马乱，连我妈和阿津吵架的画面都熟视无睹。后来他找了一份早出晚归的工作，时常住在职工宿舍，难得再见一面，这就成了我跟阿津之间最为正式的告别。

六

直到不久前我被我妈的一个电话召回去，说阿津要拆膝盖骨上的钢钉，没人照顾。我十万火急地赶去医院，前一秒他还嬉皮笑脸地问护士要电话，后一秒见我进来了，就龇牙咧嘴地捂着膝盖装可怜。他比两年前要瘦一些，胡子拉碴的，看起来沧桑了不少。

“高才生，你在学校忙得把我忘了吧？怎么就不见你给我打个电话？”

“我忙着学习，忙着和新同学打成一片，忙着不让我的新男友吃醋，断绝了几乎一切跟异性的联系，就连我长期在外地出差的亲爹都不能幸免，何况是你这个瘟神。”我嘴里揶揄着他，嘴角却忍不住往上翘，我偷偷掐着自己的手背，好保持着严肃的样子。

“你嘴巴这么毒还真有人能受得了你，不仅瞎了眼还猪油蒙了心。”他捂着胸口一脸痛心疾首的样子。

“你去哪儿了，我每次回家的时候都见不到你？”我问他。

“赚赚钱恋恋爱，体验一下人生乐趣，不能像某些人一样荒废了大好年华。”他口中的某些人显然指的是我。护士在病房外转来转去，不时斥责我们说话声音太大，他目不转睛地盯着门口，护士一来，他就吹口哨。

“有什么好看的，这快到夜里了，一身白衣服看得人多瘆得慌，跟女鬼似的。”

“这么些年不见你怎么就没长进呢？小孩子懂个屁，这叫制服诱惑。况且女鬼里面也有聂小倩那种跟仙女一样美的。”

“我要是你，我现在就从这楼上跳下去，圆了你的鬼鸳鸯梦。”

“牡丹花下死，做鬼也风流。要不是我这条腿硬要把我留在床上，我早跳了。”他一如既往地贫嘴，逗得我前仰后合。

回学校之前我还依依不舍地拉着阿津说了些从未讲过的矫情话，要他保重身体有缘再见，可没过两个月我就又风尘仆仆地回来了。

一周前还海誓山盟、蜜语甜言的男朋友转眼就搭上了社团的学妹，一来二去打听之下才知道我做了两个月的备胎。两个人公然手牵手坐在我们班的教室里听课，不明所以的同学用疑惑或是同情的眼神看着我，大概在心里已经当我是只被人戏耍了的猴子。和从前一样，我毅然决然地拒接了辅导员的电话，连夜买了车票回家。

“我就知道跟你在一起没好事，上次回来粘了我一身晦气，回学校男朋友就把我甩了！你最近是不是又祸害姑娘了，我告诉你，我这辈子要是嫁不出去全是你这个扫把星害的。”还没进门我就冲着阿津叫嚣，好像把怒火在他身上多发泄一分，我失恋的悲痛就能减少一分。

“嘘，你妈在家呢。”阿津没说完，我就听见屋里传来我妈更年期吃了炸药一样的声音：“学还没上完你就整天谈恋爱，看你爸回来不打断你的狗腿。”阿津一把甩上门推着我下楼，防盗门阻断了我妈气恼的大呼小叫声。

七

那一天刚好是清明节前，街上一片悲戚的氛围。人们低着头烧纸，朝着火堆喃喃絮语，好像亡者真的会听到这些话，收到来自还活着的人的心意。阿津借来一支粉笔，在地上画了一个规整的白圈。

“喂。”我叫他，阿津正出神地将几张黄表纸投入火堆里，“前几天我妈给我打电话，说你要订婚了，过一阵就把留在我家里的东西都搬走。”

“是啊，年龄大了，你不在的时候你妈天天对我使用冷暴力，巴不得我赶紧滚出去。”

“我想知道最后和你在一起的会是什么样的人。”

“就是普通的女人呗。”他用树枝拨了一下火堆，火烧得更加旺盛了，“你年龄也不小了，你妈思想太保守，过几年找不到对象你就愁嫁了，相亲都得挑花眼。你妈前阵子可是发动她所有人脉关系给我找姑娘相亲，我挑不上的，挑不上我的，就像闭着眼睛玩连连看。”

“我才不愁呢，我知道自己喜欢什么样子的。”

“什么样的？”他问。

“就是阿津你这样的，风趣幽默，温柔体贴，还很专情。”换作往常，他一定会自恋地说：“我早就知道了。”可是今天他一反常态地回答我：“我也喜欢你。”

“以后你别学着我抽烟喝酒，别把口红涂得像吃过死孩子一样，别染乱七八糟的头发和指甲，那样不适合你。女孩子就要有女孩子的样子，简单大方。”

“你可是理直气壮摆起长辈的架子了。”我嘴硬，眼圈却不争气地红了。

上一次失恋，他们取笑染了满头黄毛的我，还有害怕我冲动做傻事接我放学的阿津，他们说我被男朋友甩了之后居然找了一个跛子。阿津听见了，二话不说就冲进了那些人里面，揪着说话的男生一阵狠打。如果不是这样，恐怕我早就忘了很久之前的他，还是一个只懂得飙摩托车的小混混。

阿津和人赛车，要求是要载着自己的女朋友。准备和他过两日领证办酒席的年轻姑娘就坐在他那辆车的后座上，满心欢喜地等着阿津赢了钱就能为婚礼多置办几件东西，她爱阿津，所以毫无顾虑地把一切都交付在他手上，而阿津又太自大，拍着胸口保证万无一失，却从未考虑万分之一的可能失去她会怎样。出事后，那个姑娘在重症监护室躺了一个月，却还是没能醒过来。

后来整整两年的时间里，阿津变得自闭一句话都不肯说，甚至生活都不能自理。我妈把他接到家里来，情况才一点点地好转。

阿津喝醉的时候告诉我说，那种感觉就像有人拆了你全身二百零六块骨头却没能帮你拼回来一样。你想忘掉她，可是她早就根深蒂固地扎在你心里，扯起来一片就是血肉模糊。从此就没人能停驻在你的伤口之上了。

阿津今年三十岁，是我年龄最小的舅舅。而他曾深爱过的那个人，已经离开六年了。

Robin 15M
Lemon 25M
Dream 106KM
Art 30m
You 1M
17KM Poem
Single 14KM
Me 1.5M
Today 5M

有没有一种 文/阿圆儿

每个人都在浪里。以前害怕做选择，就给自己贴各种标签说服自己。那至少现在，我和我自己的关系蛮好。我们坦诚相待。

不得不承认，王蒙蒙是我见过的，关于“说走就走的旅行”最丧心病狂的女子。称其女子，或许不大合适，但她确实上女厕、洗女澡堂子、住女生宿舍、混闺密圈子。

王蒙蒙一直单恋着一个长相丑爆、品位极差的男子。称其男子，或许也不大合适。事实上，他应该是一只发育过剩的“牛头梗”，但绝非那么呆萌。他年纪轻轻的时候就是国内某商业银行重要部门的一位头脑，据说很会说。

这种特质让“牛头梗”很受姑娘们待见，王蒙蒙是其中之一。他和姑娘们有或隐或显的交互，放得一手好风筝。王蒙蒙嘴上老说此人非可托付之人，但还是在他生日时弹了一首《情非得已》。直到年会上，“牛头梗”的老婆出现。众人注视，抿嘴，啧啧，散去。

这大抵是第二天，王蒙蒙和我出现在鼓浪屿的原因。

飞机上，王蒙蒙盯着窗外一动不动，说：“我早该料到他有老婆的，对吧？”

“该。”我继续看我的杂志。

王蒙蒙扭头瞪我。

“确实该啊。”我还看杂志，正好翻到关于狗绝育的文章。

我知道，关于这件事，是王蒙蒙和自己直觉较劲的结果。我不怀疑她的判断力，她怀疑。

这大概是因为，王蒙蒙在北大学了七年哲学。

她对我不止一次描述过，当初在东北老家上高中的她，如何偶然读到罗素，如何用那些酷炫的理论和她老妈吵架，如何考到全省文科状元，如何被大串鞭炮送进北大。她老妈爱唱二人转，据说嘴是机关枪。

等王蒙蒙真到北大后，才发现，她学的不是她所想的，似乎在母女对战时也派不上什么用场了。她说，至此她才真正觉得喜欢，神秘又无用。溯源、沿革、流派、理论、方法论，然后思辨，然后这一年，她长到了一米七五。

胸不大、短发、黑衣、常年短靴、会弹吉他，她所在的台球协会，满是为她而来的学妹。她嘴贱、八卦、逗比，爱用二人转的段子损人，满心欢喜为她而来的学妹不多久就认清现实，粉转路人，或转闺密。男同学找她练台球、练口语、练吉他，就是没人找她恋爱。他们都叫她蒙王。

她自认为这个称呼有一种逗比的霸气，那种冲突感就好似甜心摇滚和金刚芭比。

鼓浪屿的春天很有点翠绿的前奏。太阳有点烫，树木毛茸茸的。蒙王很快就找到伤后的补偿点，那就是，她二次发育了。从浴室出来，她捧着两片胸，兴奋地喊：“堆堆，我预感我要被爱神击中了！”

雌激素大量分泌的蒙王，立誓吃遍鼓浪屿所有有调调的餐厅，要和她那预感做最大程度的对接。傍晚，我们来到老猫俱乐部。西式餐厅，建于新中国建立前。在老宅子基础上改造的，门口有只与人同等身高的黑猫，穿着比基尼，涂着红唇，拎着吉他，一脸混账表情。

蒙王出其不意地冲过去给老猫一个湿吻，同时在脑袋顶上比画一个V字。这时候，一男人从门里探出头：“喂，小姐，这只猫怕水的。”

蒙王恼羞：“木头做的，怎么会怕水？”

“颜料怕。”说着此男的食指抵住蒙王双唇，停留两秒，“喏，你看。”指上果然有红印。

蒙王清清嗓子，说了个“对不起”，侧身挤进，马丁靴一绊，一个趔趄撞击了那男人的胸口。那男的正坐门口一太师椅上练打坐，椅腿单薄，瞬间冲击，应声倒地。

他叫毛线，是这家餐厅的现任继承人。人白净细致，像根干净的竹签。说话、眼神、动作，都有某种停顿，像随时想起来又随时忘记点什么，在北京某网络公司做技术工作，恰好回来看看老猫。

从老猫出来后，蒙王像喝了雄黄酒，扯着我："堆堆，我想走路，我想走路。"

深夜，两个疯子穿行鼓浪屿。昏黄灯光，混合了湿漉漉的青草味，三一教堂练歌的教友刚刚散尽，仍有钢琴声回响。

蒙王回头说："堆堆，鼓浪屿是世界上钢琴密度最高的地区。"

我"嗯"了一声。

蒙王继续道："你有没有觉得，在他身上看得见时间的踪迹，有种赤裸的置换感，随时随地掏空然后填充。你看他的眉眼，你看他说话的气息，你看他看的书，你看他的打坐。总之，我的结论是，他和自己，他和时间的关系都蛮好。"

"蒙王，你又喝多哲学了吧。"

回到北京不久之后，王蒙蒙和毛线就好上了。

毛线和王蒙蒙出门，总一前一后，保持队形。毛线说不想人家认为他每天和一哥们儿在一块。毛线每天码代码，还每天做饭，大酱汤、烤五花、鲜虾烧卖、回锅肉、绿酱意面、红菜汤。王蒙蒙风卷残云，沟满壕平，躺成个大字儿，直勾勾盯着天花板，舒出一口气："纵使哥们儿千百遍，只羡鸳鸯不羡仙啊不羡仙。"

王蒙蒙的工作轨迹也极具戏剧效果。最早毕业时，考了公务员，她进了国家直属某研究机构的哲学研究室。一年后，她跳去金融领域，认识了"牛头梗"。她说，这叫从出世到入世。和毛线好了半年后，她说，她想去做互联网。

我说："跨度有点大吧。"

她说："没事，我在北大上学时，经常听很多其他专业的课，自己做些专题研究，捋出结论，随意冲进一间自习室，在黑板上一通讲，然后闪人。"说着她把头发一把捋到脑后。

"你知道，所有学科都是哲学的子学科好吗？哲学是高于一切的科学。"她继续说，手一松，头发遮了半个脸。

"这算入世到很深了吗？"我问。

"我也不知道。和毛线在一起后，渐渐找着点现世中的安稳，暴烈的金融不适合我。"她说着，继续躺成大字儿，盯天花板去了。

不久，王蒙蒙说，她在做一款产品，变革人的阅读习惯，实现自主型多线索阅读。

"比如，一本小说，我阅读时，会找出线索节点——时间、地点、人物，然后轮换故事进程。很多指标拆解成不同部分。标注节点，读者可以任性选择阅读顺序和部分，实现碎片化阅读。"她口沫横飞。

老实说，我并不太懂。

"我还打算做一款App，每天推送一个故事，就一个，每天只一个。"

说着她又去躺成个大字儿了。

毛线大专毕业，上了北大青鸟，然后成了码工，偶尔回厦门看看老猫。王蒙蒙还爱弹《情非得已》，毛线就唱，琴瑟和鸣。两人一起练打坐、练书法，一前一后爬香山。

我有时觉得，王蒙蒙果真被置换了，掏空了什么又填充了什么。她和他，他们和时间，他们和吉他，他们和山的关系，都蛮好。

王蒙蒙她妈来过一次。老太太早年间是专业二人转演员，嘴巴里像随时挂着一梭子子弹，笑起来有金属的质地，现在做起了美容生意，唇红齿白，戏说人间。

我暗自感叹，王蒙蒙学哲学，真有其必然性。

“你们何时结婚？”

“妈，我们还没结婚计划。”

“你比毛线大三岁，你今年都三十了。他不急，你还不急吗？”

“我不急。”

“你不急，我急。他大专生无所谓，他赚得没你多无所谓，他瘦得弱不禁风无所谓，他不娶你有所谓。”

“昨天刮大风，他都扛得住。反正，我们正在成为我们想成为的那样。”

“……”

毛线的母亲重病，下了病危通知，毛线带了前女友去医院。毛线说，不想让妈妈觉得他每天和个哥们儿在一块。

王蒙蒙盯着天花板，像说着别人的事。

我急了：“屁话。”

毛线母亲没扛多久，前女友却高频出现。那种和毛线并排走不像哥们儿的女人，眼睛弯弯的，画着尖锐的眼线，喜欢涂大红唇，才一米六，是某网络公司的高管。三个月之后，毛线和前女友结婚了。

“其实，我俩没太多争吵。他说他要走了，要成为他想成为的那样。”王蒙蒙盯着天花板。

“他和你在一块不是想成为的那样吗？”我有点气。

“他说，我俩在一起，尚未成为也终不能成为想成为的那样。都努力了，没用。”

“都是屁话。绕口令没把丫舌头绕死。”我终于气急败坏。

“他或许比我还需要现世安稳，他要安全感，那种不是哥们儿能给的。”王蒙蒙眼角淌出泪珠子，“他其实不过是个爱打坐、会做饭、心软、口笨的小瘦子罢了。我跟我妈抗争惯了，非得给自己一切酷炫的理由。没用。”

我想活泛下气氛：“那你还要极深地入世吗？”

王蒙蒙笑："那是我以前扯淡的材料罢了。每个人都在浪里。以前害怕做选择，就给自己贴各种标签说服自己。那至少现在，我和我自己的关系蛮好。我们坦诚相待。我就在浪里，看自己能出溜多远，有没有人捞我，我高不高兴。"

说这话的时候，她盯着天花板，不经意，躺成了个大字儿。

PART 3 我心不安

十万八千里外的不安好心 文/徐里

每一年都去放风筝。

我承认，我们相识时很遥远。我也承认，我们见得并非偶然。我也不会不承认，第一次见面就注定我会被你攻陷。

——顾倾颜

若兮到宣城定居是八月份的事情，原因是谋到了一份工作。对于初毕业的年轻人，有好的工作，颠沛流离不算什么。因为他是个男人，即使名字女儿家一些，即使清瘦如宣城的竹，即使要离开父母，但是他注定要为生计东奔西走。家里已经什么都没有了，除了还能过活的老两口。若兮是他们唯一的希望，可以有一个好的终老，结束他们劳碌的一生。

宣城一向有青城的别名，原因是满城遍种的竹子，还有水畔环绕，有点杭州的感觉，但比杭州清幽。有时候走在街上，只看得见老人和孩子们，还有那些行色悠闲的旅客。若兮的工作则是给宣城最大的那一家旅行社做咨询接待。接电话就是他的工作，他声音好听，这也是他被聘用的主要原因。

八月的宣城还很热，若兮会回到住处一个人发呆。有时候若兮会想起大学时期的女朋友，如今她回到了北方，不知又是怎样一种境况。但这毕竟和自己没有关系了，本来分手就分得很坦然，像朋友说再见一样，因此后来没联络也实在无可厚非。若兮在毕业后赋闲的那半年里常常想起她，可渐渐地那女孩的面容就模糊了。不知道是不是一不小心，若兮的眼睛已被泪水染花。他不算很爱她，和她在一起心里一直都很平静；可是人心是肉做的，那么长时间在一起，分开时她说她要回去结婚了，他竟然心里隐隐一痛。

周五下午，若兮接到一个客户电话，对方是女性：“一个人到宣城，你们旅行社一般会怎么接待呢？”

“我们会把来宣城的旅客组织成一个小队，由我们的导游带队游玩。”若兮声音浅浅的，一如从未长大的少年。

“可是我只想一个人，怎么办？”对方问。

“这个我要先汇报给我的上司。”若兮答道。

“算了。”对方直接挂掉了电话。其实公司可以单独接待游客，但是价格很高，若兮为了帮别人省钱，很少一开始就说有这样的规定。

工作就是这样，尤其是做客户咨询，遇见刁难都是时有的事，这样不咸不淡地挂电话纯属家常便饭。若兮把电话小心翼翼地放下，朝椅子后面一倒，心里有些闷。他也只是想为别人好，可是话都没机会说清楚。接了一天的电话，有时候他觉得他都可以到电话公司上班了，应对这些旅客比应对电话公司的客户，不一定轻松多少。

下午下班时，天空忽然下起了大雨，幸好若兮赶上了公交车。可是到家才想起，今天是周五了，是周末前的买菜日。因为忙于工作、闲暇时喜欢四处逛逛，所以若兮一直是在周五下班和周日下午买菜。这是他自己定的买菜日，不料忽然一场大雨，把他的安排打乱了。

“只怪自己没留心天气预报。”若兮坐在自己已经有些掉皮的二手沙发上，拿着干毛巾一边擦头一边自言自语。

天渐渐黑了下来，雨还是没停。宣城的雨有些霸道，下来了就不肯走。若兮站在窗口，茫然地看着那些未曾可知的焦点。

电话就那么突兀地响起来，公司为了最大化开采员工的工作力，给他们都配备了手机。

“喂，您好。”若兮说道。

电话那头一阵空旷的回音，若兮拿开手机看了看，又重复了一句：“喂，您好……”

还是没有人作答。电话那头像一只看不见的手，掐住了若兮的脖子。他不知还能说什么，脑子正在想是否是公司有事召唤他，电话已经响起了忙音。平静原来只是被打扰了，没有被占据。

若兮打了两次回去，都没有人接。算了，先睡觉吧。看着渐渐黑下来的天空，雨珠子像子弹一样打下来，若兮安慰自己。

半夜时，若兮的电话再次响了，将他从梦里惊醒。

“是林若兮吗？”

“是的，您是哪位？”

“我周一要到宣城旅行，你到机场来接我。”说完电话挂了。若兮这才反应过来，对方是位女性，但是他甚至来不及问她叫什么名字，接机的时候怎么认人。

周一很快就到了，一到公司，若兮就接到了上司通知，要他去机场接机。对方看过他照片，他只需要在机场大厅候着就可以了。司机是公司指派的，一切费用报销，提前给了五千块做预备。

若兮晕乎乎地上了车，司机便踩下了油门。到了机场，司机在停车区等候，而若兮到机场大厅等候。直到下午两点，一个女孩子才走过来，取下深黄色的墨镜歪着头问他：“你是林若兮？”声音和打电话的那个声音有些像，甜甜的。她穿着浅绿色刺绣T恤，偏黄色齐膝短裙。

“是。您好。”若兮答道，伸手想要帮忙提行李，才发觉那个女孩只带了一个小手提包。

“我叫顾倾颜，你叫我倾颜好了。喏，饿得不行，飞机上的东西太难吃了。带我去吃点好吃的吧？”说完女孩在前面拉着若兮便走。

“那个……您，您……您想吃什么？”若兮被惊得满脸通红。

女孩回过头来：“叫我倾颜，我嘛，吃什么都乐意。”说完继续走，完全没把若兮的窘迫放在眼里。

车下了机场高速，便走进了弯曲的城中小路。司机按若兮的指示，来到宣城的小吃公园。一路上，倾颜喜滋滋地点评着沿途美景。

下了车，倾颜更是惊呼：“天哪！这一座公园难道都是小吃吗？”

若兮尴尬地笑了笑：“也不都是，还有咖啡馆和茶社。也有放风筝的大草地，不过现在正热，没有人去放，只有些小狗在那里跑着玩。”

“好吧，吃东西去喽！”倾颜拍拍手笑了下，朝前面公园跑去。

“你先回去吧。”若兮对司机吩咐道，然后跟了上去。

吃了许多小吃，倾颜终于将肚子满意地摸了摸，回头才发现若兮一脸苍白：“林若兮，你怎么了？”

“没，没怎么，就是……”

“啊！”若兮还没来得及说完，倾颜已恍然大悟，“只管在前面吃了，忘记你还没吃午饭吧！”

若兮只好点点头。

“还好我没吃饱，走吧！我请客，我们继续扫荡去！”倾颜拉起若兮的手，若兮只好愣愣地跟上去。这到底，谁是导游，他已经分不清了。

吃完东西已经是下午四点，倾颜提议去茶社喝茶，作为私人导游来说，若兮没有任何拒绝的资格，而且吃得饱饱的他也很乐意去休息一下。等他们选好位子坐下时，倾颜扑哧一下笑了出来。

“你笑什么？”若兮问道。

“我问你，你真是导游啊？”倾颜问道。

“进公司时做了一个星期的培训……应该，算……是吧。”若兮答道。

“我觉得你也太生涩了吧！哈哈哈！”倾颜笑道。

“呃……公司的同事们也那么说，蔡姐也批评了我好几次。”若兮低着头说。

“蔡姐？”倾颜好奇地问道。

“是我上司。”

“哦！那她不为难你吧？”倾颜又问。

“没有，她还给我涨工资，我到这里上班才第三个星期。”

“第三个星期就涨工资？”倾颜惊讶道。

“她说我学东西快，踏实，还叫我去她家吃饭。不过我还没去，觉得已经给涨了工资，怎么好意思去她家吃饭呢？”若兮答道。

“啊？啊——哈哈哈！”这下倾颜彻底笑倒在桌子上，引来周围人一阵阵观看。

“你笑什么？”若兮窘红了脸。

“没，没有！哎哟，糟糕了——”倾颜忽然笑不出来了，眉头紧锁。

“吃坏东西了吗？”若兮赶紧问。

“卫生间，卫生间！卫生间在哪儿？”一个服务员赶紧跑过来，要带她去。倾颜跺了下脚，“在哪儿？我自己去！”

服务员指了指方向，倾颜赶紧一溜烟儿抱着肚子跑去。若兮和服务员面面相觑，不知道这个年轻的女孩子到底怎么了。

等到倾颜回来时，若兮正望着茶社窗外的湖面出神。倾颜从背侧看去，若兮清瘦的脸庞白而干净，头发修剪得很整齐。大热天他还穿着带袖子的白衬衣，完全一副活脱脱的学生样子。不过他的手掌托着下巴，手指修长，眼神迷茫，又那么深沉。倾颜不得不从心里觉得，这个男孩子哪里是尘世间该有的，他应是活在天堂里的一抹影子。

“嘿！”正出神的若兮被倾颜突如其来的叫声吓了一跳。

“你完啦？”若兮问道。

“什么话呀，你才完了。”倾颜噘起嘴。

若兮吞了下口水。

白痴，都不懂安慰人的。倾颜在心里腹议，然后说道：“快六点了，带我去酒店吧。”

“稍等，我这就打电话叫司机来。”

“不用啦！”倾颜拉起若兮，“跟我走吧！”

“可是……可是还没给钱……”

“我已经付过啦！”声音已去得远了。

夜幕降临，在酒店房间里，倾颜坐在床边问若兮：“你到底去，还是不去？”

若兮没有答话，一脸不自在的神情。

“哎呀，求你啦！”倾颜忽然变了个脸，站起来走到若兮身边，拉着他的臂膀，“若兮好哥哥，若兮亲哥哥，就帮帮我吧！你就帮帮我吧！”

若兮一咬牙，径直转过身打开门出去了。

倾颜一脸的坏笑顿时露了出来：“哈哈！太可爱了！”

原来，倾颜告诉若兮自己生理期到了，可是害羞不敢去买“那个”，酒店里也没有，自己又不好意思打电话去叫前台买，于是可怜的若兮成了她的牺牲品。等到若兮买回来时，已经过了半个多小时，若兮一脸是汗，将一个黑色袋子放在桌子上。

“我先回去了，明天早上再来带你去看别的地方。”

“不行！”倾颜赶紧叫住若兮。

若兮回过头来，疑惑地看着倾颜。

“若兮……我，我怕一个人睡……”说到后面，倾颜的声音已经小得几乎听不见，脸也红成了番茄样。

若兮站在原地一动也不动，过了许久才说了句：“我睡沙发。”

倾颜一听这话，一反刚才的羞涩，兴奋地跳了起来，在若兮眼前摇晃她那两根手指——那是个大大的V！而若兮，只能看着这个鬼精灵，说不出话来。

“若兮，若兮哥哥，我们来聊聊感情吧！”倾颜坏笑着趴到床边，对着睡在沙发上的若兮笑道。那两条白净的腿在后面一上一下地摇晃，女孩子家那点清爽可爱，在她身上无处不在。直到磨了很久，若兮才睁开眼睛说了句：“感情在我大学毕业的时候就已经毕业了。”

在宣城待了五天，倾颜终于要告别了。若兮送她到机场时，倾颜忍不住抱住了若兮。

她什么话也不说，但是若兮明白，她舍不得。正如他，又何曾舍得她离开。她像一个妹妹一样可爱，让他久违的笑又挂在了嘴边。她来宣城旅行，她快乐，他却比她还快乐。若兮有时候甚至觉得倾颜要是再也不离开，多好。可是，这不可能，他知道。

“倾颜，快走吧。”若兮拍着她的背。

“你那么希望我快走吗？”倾颜问他，他却答不上来。“若兮，你还是第一次叫我的名字，我想问你一件事。”

“问吧。”

倾颜松开抱着若兮的手，一脸泪痕：“你喜欢我吗？”

若兮顿时脑子一片混乱：我，我喜欢她吗？倾颜，怎么会问我这个？我……我喜欢她吗？

看着若兮毫无反应甚至是有些呆滞的脸，倾颜终于咬咬银牙下定了决心，将若兮留在原地转身离开。

而若兮还站在原地，问着自己，到底喜欢吗？

倾颜走的那天是星期五，林若兮迷迷糊糊地回到家，才想起来又忘记了当天是买菜日。不过正好，他一点饿的感觉都没有，只想睡觉，把那些心里答不出来的问题都抛进睡眠的深渊。房屋外飘起了雨，像一个周末的诅咒一样。若兮半夜醒来时，看着镜子里的自己，忽然发现原来他真的很需要一个人来陪，像倾颜那样充满生机、活力的女孩子。原来他并非像自己想的那样不爱大学的女朋友，也并非像自己想的那样爱那个大学的女朋友。繁华过后，皆是虚妄。原来自己满心的荒凉，都是自己给自己杜撰出来的。其实，他心里是那么渴望倾颜，渴望拥抱着她不放开。

可是，他却连她的电话号码都没有！

平静被冲开后，内心留下的是千般海浪。

新的一周到来，若兮刚到公司就接到了倾颜的电话。

“我要结婚了。”她在那头平静地说。

“结婚？”若兮像重复一样，他想起大学毕业时，那个女朋友的话——“我要回家去结婚了，你忘了我吧”，犹如还在耳边。

电话那头一直沉默着。

“我……”

“难道……”两个人都突然一起开口，若兮说：“你先说吧。”倾颜继续说道：“难道你真的一点都不想挽留我吗？”

“我想。”若兮还是吐出了那两个字。

“那……”

“可是不行，我什么都给不了你。”若兮打断了倾颜的话，“你应该嫁一个能照顾你，给你幸福的人，那个人不是我。”

“你！林若兮！你浑蛋！”电话那头，倾颜气急败坏地挂掉了电话。

若兮听着嘟嘟的声音，电话仍拿在手里。

“林若兮，到我办公室来。”上司蔡姐站在了他身后。

“林若兮，刚才那个电话，是你女朋友打来的？”蔡姐问道。

“不是。”

“不是？不是就好。若兮啊，”蔡姐站起来走到若兮身后，抱着他的肩膀，“你这么年轻，可不该把时间花在感情上面。”

若兮很不自然地想挪开，一边应道：“蔡姐说的是，我知道。”

“有什么需要的，尽管开口。”蔡姐继续道，转身走回自己的位子，“对了，上次说去我家吃饭，怎么样了？就今晚吧。”

“可是……”

“没什么好可是的了，就这么定了。”蔡姐面无表情地打断了若兮。

若兮不是完全不开窍，很多东西他都明白，只是不敢说出口。他知道蔡姐喜欢他，可是他对蔡姐一点感觉也没有，才总是拒绝。但现在蔡姐强行要他去她家里吃饭，他竟然无法拒绝。林若兮，你该怎么办？他在心里问自己。可是完全没有办法，他确实无法拒绝，每当他想鼓起勇气去辞职时，都会想到爸爸和妈妈。穷苦的孩子，即使是王子又怎么样？

他多想打电话告诉倾颜，这个现在他唯一可以诉说的对象。但又叫他，从何说起呢？他怎么好意思跟她讲他的不堪呢？

夜的姿态太美，已迷乱了若兮的双眼。他看着蔡姐的眼睛已经渐渐模糊了。酒一杯一杯倒进了肚子里，像水银一样灌进身体。蔡姐的脸一直在笑着，对他说话，说她对他的钟爱，说她的寂寞冷清，说她夜里会想起他。只可惜若兮听不到了，他倒在桌子上，像一个初生的孩子，脸上红了一大片。从来不饮酒的林若兮，哪是蔡姐这种老江湖的对手。蔡姐满意地看着倒下的若兮，将他扶进了房间。

转眼，冬天已经降临到了宣城。漫天的大雪纷飞，将这个南方小城变成了银色的世界。若兮在雪地里跑着，一刻不停，最后栽倒在草地里。他喘着粗气，看着还在飘着雪的天空。这是小吃公园那片放风筝的大草地，他曾经跟倾颜说过的那个地方。蔡姐从后面跑过来跟上了他，也累得气喘吁吁。蔡姐坐到他身边，帮他拍头上的雪粒。

“跑那么快做什么？”

若兮继续看着天空，忽然转过头问蔡姐：“你说，她还会回来吗？”

“小半年都过去了，应该已经结婚了吧。”

若兮回过头，将手枕在脑勺后面，任由雪花打在脸上：“其实，其实没有什么的。爱情来过这里，我就已经很知足了。”

“傻瓜。”蔡姐摸着他的额头，“我也是很疼你的。”

“我知道。”若兮淡淡地回应，重新爬起来朝前面跑。

等跑到大铭茶社的时候，他忽然停住了。窗户开着，冒着热茶的轻烟。雪花怎么都窜不进去，也打不到那里面的人的脸上。她两只手捧着杯子，借着杯子里的热气烘脸。脸上红扑扑的，戴着两个系带的米色绒线帽子。雪花也不忍心去伤害她——那是倾颜。

“倾……倾颜。”若兮情不自禁地低喊了一声。

其实还有段距离，但是就偏偏传进了倾颜的耳朵里，她看见了他，站起身来。“林若兮。”她在心里默默地呼喊。

“你……过得好吗？”若兮坐在倾颜对面，蔡姐站在远处，看着他们。

“我很好，你呢？”倾颜低着头，看着茶杯，仿佛要看穿那茶水里究竟装着什么样的言不由衷。

“我也很好。”若兮不再说话，也不知从何说起。

沉默了好久好久，还是倾颜打破了沉默：“什么时候，带我去放风筝吧？”

“嗯，开春了就去。”若兮答道。

“你……还有什么话要对我说吗？”倾颜问道。

若兮在心里说，有，我想对你说我喜欢你，可是能说出口吗？公主已嫁他人，王子也身不由己，两个人都还原成了普通的不能在一起的爱侣而已。纵然我有一千句一万句话，可是我还可以对你说吗？

“没有。”若兮轻轻地答。

倾颜站了起来。他还是那样的他，说什么都不是心里话，不敢爱不敢恨。可是她已经累了，绝望了。在听到从小最疼爱她的姐姐要去世的那一刻，她就已经累了，绝望了。可是姐姐让她不能绝望，姐姐还有未了的遗愿。

“妹妹，姐姐从小最疼你了，对不对？”姐姐在病床上拉着她的手问道，而她只能哭泣着点头，连搭腔的勇气都没有。

“来，倾颜，听姐姐跟你说。大学里我有一个恋人，叫林若兮，他太需要人照顾了。可是在一起没多久后，我才知道，我活不了多久了，没有办法再去照顾他。所以我处处对他都很冷淡，毕业时甚至告诉他我要回家和别人结婚。可是，姐姐心里是疼的。姐姐走了，你就帮我照顾他，看着他找到一个疼他的女孩，好吗？”憔悴的姐姐望着倾颜，眼神里全是哀求。顾家是一个体面的家族，从小就像公主一样的姐姐竟然求她，这使倾颜萌发了去见见姐姐那个大学恋人的念头。

多方打探以后，倾颜才终于找到了林若兮，但谁知道自己竟然和她姐姐一样，一发不可收拾地爱上了他。

太容易爱上他了，他像一个王子，也像一个孩子，那么清澈干净善良。可是，病危的姐姐还是让倾颜回到了家里：她应当陪伴她的姐姐，走完那最后一程。回家后，她打了个电话给若兮，骗她说自己要结婚了。她心里还惦记着，到底林若兮还在乎这个默默爱他的姐姐吗？

可是姐姐刚走，准备再次回到宣城的倾颜却得知若兮已经和他的上司蔡姐在一起了，整天出双入对。

他到头来，竟然是个骗子！

冬天到来了，倾颜带着姐姐的遗书来到了宣城。遗书是给若兮的，她从未拆开看过。她心里知道，她也嫉妒着姐姐，因为姐姐是林若兮第一个爱上的人。在她给林若兮打电话骗他说自己要结婚时，她用的是姐姐的语气，她听出来了，林若兮的心震颤了。无论自己觉得林若兮怎么样，她还是决定把姐姐的遗书带来给他。只是隔了那么久不见，她心里还是忍不住那些难以理清的情愫。

倾颜坐回去，转过头从包里拿出了姐姐的遗书。

若兮接过遗书，等到看完时，已是潸然泪下。原来一切都是局，是顾倾颜已死的姐姐，顾秋狄设的局。她在死之前就安排好了自己在爱和不爱她之间徘徊，安排好了妹妹顾倾颜的出现。可是他到她死了之后才知道，她原来那么爱自己，还把妹妹的幸福托付给了自己。

“倾颜，一切我都明白了。”若兮说道，站起来伸手要去拉倾颜的手。

然而，倾颜躲开了他，手里拿着包转身朝门口走去。若兮的手在半空中握了一下，然后埋着头把手放到腿边。他在心里责怪自己，为什么怎么努力都鼓不起勇气？

倾颜走到门口时，正好撞上了蔡姐。蔡姐就那么直愣愣盯着她，忽然就笑了。倾颜猜得到眼前这个人是谁，她有些恼怒：她笑什么？难道赢了自己，有那么值得骄傲吗？

“你，未免也太小看若兮了。”蔡姐一字一顿地对她说。

“你想说什么？”

“你以为他和我在一起对吧？哼，你简直轻看了若兮。为了他，我费尽了苦心，已经把他灌醉了可是还是没忍心伤害他。我以为他会心存感激来报答我，何况他的事业工资都掌握在我手里。可是他为了你，却向我辞职！你呢，你却把他看成了什么人？”蔡姐怒吼道。对，她心里不甘心，不甘心为什么自己比林若兮大不了多少，却得不到林若兮的一点点的爱。她更不甘心，自己爱的人为别人痛苦流泪，那个别人却还要误解若兮。

“若兮……”倾颜转过身看着林若兮，忽然眼泪就流了下来。

若兮快步走过来，紧紧抱住了她：“每一年都去放风筝，好吗？”

一旁的蔡姐脸上还挂着眼泪，却忽然轻轻笑了。顾秋狄，我大学的好师妹，你手段真的好高明，知道自己将死，把林若兮的一切都安排好了。可是你何曾知道，你要我帮忙演的这些，根本不是戏呀。那是因为在大学迎新生时，我接待的正是林若兮，也就是那时候我爱上了他。所以，我才会在后来接近你，想看看林若兮到底爱上的是个怎么样的女孩，才会和你成为好朋友啊。

“若兮，你说的是真的吗？”倾颜抬起头，望着若兮。

“是真的，因为，我真的好想你，好爱你。”说完他再次紧紧抱住了倾颜。

宣城还是那么悠闲地过着一年年、一岁岁，那些旅客也时常听导游们讲许多许多美妙的爱情故事。尤其是到大铭茶社喝茶，服务员讲的故事绘声绘色，比小说家还厉害。听说后来蔡姐离开了宣城，不知道去了哪里，林若兮则升做旅行社管事。他和顾倾颜到底结婚没，没有人讲过，只知道每年春天，小吃公园里的天空上，总会有许多风筝在飞舞。

我是谁 文/米玉雯

要有多坚定才可以看着日复一日被生活变得更加面目全非的你时，等待曾经的你归来，一往而情深。

一、我们在一起吧

“就唱到这好了，先下去吧。”孙董事打断了男孩进行到一半略有些磕巴的演唱。

我状若悠闲地翻看着资料，不动声色地记下了垂头丧气离开秀台的男孩的名字和电话号码。

存好电话号码以后，我微微侧头瞥了眼面带微笑饶有兴趣地欣赏台上才艺展示的孙董事，无奈地舒了口气，继续百无聊赖地看着眼前三个女孩弹棉花般的表演。

“我看这仨挺不错的，在公司培训有一年了吗？还挺有成果的，咱们公司也缺这种年轻化的女生组合。小赵、可可，你们俩谁负责接收打造一下？”

“赵姐来吧！”“交给可可吧！”

孙董事站起身，拍了拍我的肩膀：“我还有个会要开，就先走了，你们看着办吧。公司对这次新人的培养很看重，咱们也得加把劲儿，别让我失望啊。”

我对着孙董事离去的背影撇了撇嘴：“什么玩意儿，看了一上午，好不容易有个唱歌好的还给人家毙了。我还以为眼光多高呢，结果就是挑花瓶来了。”

台上刚上来的两个男孩还在卖力地演唱。我随手拿起旁边的资料本，又仔细地过了一遍刚才一首歌没来得及唱完就被赶下台的男孩的资料。我摆了一脸深情握住赵姐的手：“赵姐，刚才孙董事看上的女孩就拜托你了。你带组合比我强多了，真的。”

然后我从电话本里翻出了刚刚存入的名字：姜仁权。

“姜仁权吗？吃过饭了吗？”

“刚刚吃过了。”

“嗯，一起去公司旁边的餐厅吃饭吧？”

“啊？我说我吃过了额。”

“我是韩可可，五分钟以后餐厅见。”

我快速地往嘴里一勺接一勺地塞着咖喱饭，坐在我面前的姜仁权一脸忧心忡忡：“韩可可，你不用吃得这么快，我不着急的，你慢点吃。”

我费解地瞥了他一眼，继续一勺接一勺地填肚子。

“嗯……”我满足地呼了口气，把面前的盘子推到了一边，随手拿了张纸抹了抹嘴，又擦了擦桌子，从包里厚厚的一沓文件夹里抽出了那几张姜仁权的资料。

“姜仁权，现年二十二岁，二十岁新加坡 × 大学声乐系毕业，辅修美术，入公司培训一年。真巧我也是 × 大毕业的，不过……二十岁就大学毕业了？挺厉害的嘛，是上学早还是成绩好提早毕业？”

他有点害羞地笑道：“我知道你是 × 大毕业的……我也不算很厉害了，小学因为成绩好所以……”

我打断了他：“家里人呢？”

姜仁权愣了愣，小心揣度着措辞：“家人都在新加坡，毕业以后我自己……”

我再次打断了他：“我是韩可可，以后也是你的经纪人。你可以叫我Coco姐或者韩姐，随你喜欢。我会安排好你的一切，你首先要做好的只有两个字，听话。希望你不要让我失望。”

姜仁权委屈地低声抗议：“不要，明明比我大不了多少，干吗让我叫姐？不要仗着你是经纪人，我是艺人就占我便宜哦……”突然他顿住了，继续道：“经纪人？我被选中了吗？我就知道……”

天哪，我一定是疯了才会觉得这个没断奶的小孩会有前途。不忍打断他一脸憧憬的傻笑，我欲收拾东西走人。

他猝不及防地从桌子对面探过身子握住我的手，深情款款地说：“可可，我们在一起吧。”

扶住了差点脱臼的下巴，我抖了抖身上的鸡皮疙瘩，把手从这个潜规则剧看多了的少年手中抽出来，感叹着世风日下，挤出了点安慰的表情给他打强心针：“放心，咱们公司很正规很透明的，你不用这样我也会尽全力帮助你的……”

姜仁权摆了一副你怎么这么想我后受到重创的表情。

仔细确认了他没在演戏以后，我吸了口冷气，当了这么多年男人绝缘体，真是从来没有意识到久违的桃花再次盛开，竟然是个比我小七岁的花骨朵。

“首先你是艺人，谈恋爱这种事根本就不要想了，其次就算你可以谈恋爱，也绝不是和我。我比你大七岁，要是结婚动作快点，儿子都能管你叫哥哥了。”我不忍地决定宽慰一下满脸被伤害的他。

他磕磕巴巴地问我：“七岁？不可能啊？我大一那年第一次见到你，你明明才大四啊。哦，是了。那年我十六岁……难道你大四已经二十三岁了吗？”随即他面容坚定：“没关系，可可，我不会嫌弃你的，我们是命中注定的。”

二、我的时间很宝贵

在无数次打断姜仁权飘飘然突如其来的命中注定论，花费了比预计多三倍的时间才讲清楚第一张专辑的录制制作流程之后，我忍不住扶额嗟叹："你这种理解能力怎么十六岁就考上×大的？"

"我专业好呗。何况，我只是想和你多待会儿。"姜仁权一脸理所当然。

看着粲然一笑的姜仁权，我泄气地收拾铺散在桌面上的文稿："明天下午两点来公司录音房。别走错了，不是你们原来的练习生录音房。"

不再理会身后姜仁权莫名的嘟囔，我看了眼表加快步伐赶回公司。

一顿午饭加新人基本理论花掉两个半小时，这绝对是我二十九年来人生里的头一次。

我是韩可可，二十九岁，独立经纪人，自二十四岁进入KS公司至今五年，一步一步手脚并用飞速地爬到了金牌独立经纪人的位置。和工作谈了场专一的恋爱并变成了条美人鱼，多年以来从未劈腿，以办事效率高广博领导好感，在KS公司以"工作狂人"著称。

我仰起头，往因为通宵作业而有些干涩的眼眶里滴了滴眼药水，然后对因为等待了将近半个小时、十分不满而故意把杂志翻得哗哗作响的作曲家杰森赔着笑脸，心里把姜仁权的祖宗八辈都问候了一遍。

门应着我心里的骂声开了："对不起，我去了练习生的录……"

"这是demo，这是歌词，你熟悉一下就去试音。"打断了道着歉冲进来的姜仁权，我把东西丢到了他怀里。

杰森再一次摇着头皱起了眉："不行，声音太紧了，完全放不开。"他关掉了音乐瞥向我："这都多少遍了，先歇会儿。可可你去做做思想工作，声音再好听放不开也不行啊。哎，打算自己带个纯新人了，能行吗？别硬撑啊。"

“这不是上面派任务了吗？我也不想接别人的手了，里外不是人，做得好是人家最初工作做得好，做不好就是你把人家好好地给毁了，就自己带呗。”我笑，“这不是还有你吗？专辑就靠你了啊，大作曲家。”

“别那么紧张，也别有压力，像平时一样唱，就会很好的。而且这就是个录音而已，以后你还会唱现场……”

“可可……”姜仁权在和我阴郁的眼神对视一秒后改口道，“可可姐姐，你去过法国吗？”

我压抑着马上面临崩裂的血管问他：“干吗这么问？”

姜仁权傻笑：“就是随便问问啊，你要是没去过我们以后可以一起去……”

“你到底有没有自尊心啊？迟到让这么多人等你就算了，现在大家在这儿陪着你反复录了多少遍？这么简单的歌都唱不好，你还有心情在这儿讨论去法国？你没毛病吧？！”

我缓和了一下因为熬夜而变得格外暴躁的情绪，正准备放缓语调安慰两句，却被姜仁权略带委屈的一句话再次点燃了怒火。

“我故意的呀，你都听不出来吗？我就是想让你过来跟我多说两句话……”

我错愕地张大了嘴。

“嘿嘿，感动吧？”

“请你，别再拿你无脑无聊无谓的举措浪费我的时间。我的时间很宝贵，是用来做有意义的事，而不是拿来陪你玩的，听明白了吗？”

我咬牙切齿地瞪着姜仁权一字一句地说，说完起了身子欲离去时，却因为身后男孩泫然欲泣的语调僵住了腿。

“我的时间也很宝贵啊，所以想把每分每秒都用在你的身上，觉得那样才不算辜负……”

录音室昏黄的灯光让我一瞬间有些失去真实感，脑海里却不知怎的冒出了前几天才抽空去看，却没看完就被领导一个电话叫了回来的《致青春》。离开影院的时候，陈孝正正对着前来表白的郑薇喊：“你神经病啊！”

三、没关系，你忘了也不要紧，我记得就行了

“你神经病啊！”我情不自禁地脱口而出，迅速地打量了一下周围各做各事的工作人员。我坐回了椅子，忧虑地看着姜仁权：“你告诉我，你到底喜欢我哪儿？我改行不行？”

姜仁权泫然欲泣的表情以迅雷不及掩耳之势收了起来，取而代之的是满满的期待：“真改？”

我疑惑地点点头。

“我喜欢你不喜欢我，我喜欢你不和我在一起，我喜欢你总把我当工作。”

“……”

“改吗？改吧！”

我按压着酸痛的太阳穴，无力地垂了头：“姜仁权，就算你现在还没出名，你能不能也以一个会出名的姿态来要求自己啊？你们新人的成绩代表我们经纪人的实力和能力啊！你到底知不知道？你整天这么吊儿郎当的算怎么回事？你不是谁派来的卧底，成心来毁我的吧？”

姜仁权看起来有点惶恐。

“我已经知道你的心意了。这样，我们做个约定，如果这张专辑做完，首月卖出超过10万张了，我改掉你喜欢的全部，行不行？”

我似乎看见他的眼睛冒了光，扑闪扑闪的。

杰森按下了OK键后对着录音房里的姜仁权鼓起了掌，回头带点赞扬地看我：“天籁之声啊，真是太不错了，还是可可有办法。他的声音和我的曲子契合度真的很高，你这些年眼光算是练出来了啊。”

我干笑了两声，仿佛看见姜仁权在玻璃对面朝我眨着眼。

送走了杰森，我回到录音房，看着姜仁权孤独单薄的背影心里突然有点柔软，还那么年轻就只身来到别的城市，多么像当年的我呀。

“走吧，今天做得不错，正好我有两小时的空，请你喝咖啡。”我拍了拍他

的肩。

姜仁权捧着奶茶，一脸惊悚地看着我面不改色心不跳地咽下了一口没加糖没兑奶的黑咖原液，嘴巴像是抽了筋，“你你你”了半晌再次被我打断。

“昨天通宵作业没睡才这么喝的而已，也不算很苦，要不你试试？”我一边淡定地继续浅啜着杯中的黑咖，胃里一边翻江倒海，什么不是很苦，简直是要苦死了。

姜仁权再次抽了抽嘴角，婉拒了我的好意。他喝了一大口甜甜的奶茶朝我露出了幸福的笑容。

“可可啊，总是熬夜可不好，总是喝咖啡也不好，总是勉强自己说咖啡好喝更不好……”他顿了顿，又想了想，问我，“不过，法国人好像很爱喝咖啡，是不是还有本小说叫《巴黎咖啡馆》？”

我下意识地点头微笑：“是啊，不过法国咖啡和这个不一样。在人潮熙来攘去的香榭丽舍大道上，有精致的杯具、悠闲的风琴，细品慢尝，是享受生活闲散的惬意。法兰西的咖啡可不是为了解乏硬灌的。”

我赶紧刹住脑海里的车，收起了脸上一闪而过的向往，看向有些傻愣愣的姜仁权。

姜仁权怔怔地盯着我问：“可可，那你为什么现在还在这儿？”

我错愕地看着他：“我不在这儿还能应该在哪儿？”

姜仁权摆了一脸理所应当：“法国啊，巴黎啊，香榭丽舍大道上啊。”

我瞪大了眼睛看着他，良久，我再次失望地发现从他脸上找不到丝毫开玩笑的痕迹，然后我扑哧地笑了：“你好像每次都可以很严肃地讲笑话啊。”

他却像是快哭了。

“你应该不记得了吧，你肯定不记得了。”他放下奶茶从包里翻出了一本伏尔泰的《老实人》，哗哗哗地从中翻出了一张水滴形状的卡纸。

“我将为了自由而战，你将不战而败。毕业了以后我要摈弃束缚环游世界，巴黎将是我的第一站！”

我诧异地拿着手中的字条看着姜仁权：“这不是我毕业留念时钉在展览板上的吗？为什么会在你这儿？”

他从我手中夺回了那张水滴形的卡纸：“你大四的时候做过一篇关于法国浪漫自由主义的演讲。我去了，正巧看见你钉了这个，后来他们更新展板把你们这些卡纸撤了下来，我就把你这张拿走了。”他一边说一边小心翼翼地重新把卡片夹进了书里：“那次演讲你说国语和英语仅仅是语言，而法语是通向自由梦想的钥匙。你说你的人生绝不要和别人一样，你要从巴黎启程环游世界后再回到巴黎。可是为什么你现在还在这里？”

我似乎看见他眼睛闪过了晶莹，疑心是太久没睡看错了，我都没哭，他哪来的理由哭泣？我从他手中拿过了那本我曾经翻阅过无数次的《老实人》。怎么会忘记，只是现实早已让我的梦想幻灭，就像笼罩在自由光环下的凯旋门注定走向衰败，就像历史不好的我，后来才知道原来在高歌着自由之曲的法国之前，还有个现在已经消失了的俄国。

“这种事，早就忘记了。”

“你怎么可以忘记呢？不过没关系，你忘了也不要紧，我记得就行了。”

四、谁让咱生的是女儿呢

几个月后，我把统计报表推到了姜仁权面前，笑意盎然地看着嘴巴一点点瘪下去的他。7.9万的销量啊，新人可以达到这种成绩已经远超我的预计了。

“别一脸丧气，已经不错啦。哦，对了，抓紧时间把你微博上全部和女人的合影删掉，现在正是你fans的上升期。一点纰漏都不能出。”

姜仁权再次瘪了瘪嘴，一边操作着手机一边问我：“和你的也要删吗？”

我翻了个白眼：“废话，我说的是全部女人，难道我不是女人吗？！”顿了顿我突然好奇：“姜仁权，你条件这么好，为什么会喜欢我？”

他嬉皮笑脸地说：“因为可可自己不知道的魅力啊。”

果然，问他这种问题就是浪费时间，我呸了一声不再理他。他犹豫了下拽住了我的手，一脸真挚。

“在遇见你以前，我还不是姜仁权，我只是个被家里设定好未来的傀儡。那年我考上的其实是 × 大的金融管理系，我应该按照家人的意愿上完四年枯燥的大学然后接管家里的公司，就这样度过我无趣的一生。从小就习惯性地接受家里安排的我，没有勇气做丝毫反抗，直到那天我去听了你的演讲，关于自由。我记得那次演讲你最后一句话说的是，‘不要忘记你是谁，也要不忘记你想成为谁。’”姜仁权说着说着就微微翘起嘴角，“可可，是因为你才会有现在姜仁权啊。”

在我迈入三字头岁数的第二个月，姜仁权结束了他第一部电视剧的拍摄。

我略带紧张地坐在制片方的门口，等待着洽谈姜仁权电视剧播出档期的事情。紧闭的精致桃木门丝毫没有要打开的迹象，我从包里翻出昨晚通宵整理好的电视剧资料，感受着胸口处一波一波袭来的多年来几乎从没出现过的惴惴不安的情绪。

当然，我的惴惴不安绝不是为了姜仁权，而是为了两天前我接收到的一条短信。

“韩小姐，请务必在一个月内付百分之三十的房款，再拖房子真的不能给您留着了。”

要怎么才能形容出我对那个房子的势在必得之心呢，这就要从大概七年以前说起，刚刚毕业的我第一次从我妈口中听到那句：“谁让咱生的是女儿呢。”

那天我满怀激动地拿着用一个月的打工费换来的飞往巴黎的机票回了家。路过爸妈门口却听见爸爸压抑着怒气的声音：“隔壁老王又跟我炫耀他儿子在大陆进了家 × × × 五百强外企，你瞅瞅咱闺女一点长进都没有，整天就知道闹着去法国旅行，供她上大学就是为了让她学这个去了。让我整天抬不起头来！”

半晌，我妈才幽幽地说了句：“能怎么办呢？谁让咱生的是女儿呢。”

在此之前，整天沉浸在书海里、向往着巴黎咖啡阳光的我从没意识到，原来我所扮演的角色，竟然是让自己父母丢脸都只能说能怎么办的女儿。

于是站在门外的我捏着那张打印着我名字的机票有点羞愧。也许不只是羞愧，羞愧不会让我心里阴冷冷的，脸上火辣辣的。不管那种感觉叫什么，反正因为它，我退了机票，从此和老王家素未谋面的儿子较上了劲儿。

他每个月给爹妈一万块钱，于是我吃馒头也要每个月给爹妈一万块钱；他买了车租了房，于是我也咬着牙就算不开车也买了车租了房；一年前他在市中心买了套两百平方米的房，于是我爸再次在老王面前抬不起头来，我妈再次幽幽地感叹："能怎么办呢？女儿已经尽力了，谁让咱生的是女儿呢。"

所以帮姜仁权的这部电视剧排好档期变成可以让我在一个月内凑够百分之三十房款至关重要的一件事。

所以在经过我长达三小时的软磨硬泡提供了痛下血本的红包，并保证了收视率不佳就换档后，我终于成功地申请下来了黄金收视段的档期。

五、如果这是你期待的

在购房合约上签下了自己的名字，我微笑着送走了售楼员，有些无力地坐在了空无一物的房间地板上。打量着这个从今天开始将完整属于我七十年的房子，我掏出手机翻着通讯录想给我妈打个电话，却一不小心觑见了从电视播出到现在已经两个月没有和我说过话的姜仁权的名字。

电视剧播出后头两天的收视率和我想象中的相差甚远。宣传已经最大化，上面一层一层施加下来的压力让我愈加烦躁不安。杰森的一句话点醒了我，正面宣传不行就来点负面的呀。

而电视主角的绯闻永远是最好的宣传材料。

本以为会费些功夫劝说女一号余怡，毕竟也是个一线的明星，不想余怡听了我的来意竟只说了一句："全看可可姐安排。"于是我兴冲冲地联系了记者，不曾想姜仁权，却给了我一个大大的硬钉子。

我自顾自地拿着收视报表对姜仁权交代注意事项："一会儿记者来了你对余怡关照一些，披件衣服，倒杯水什么的，动作要细小别太刻意。"我看着脸色沉得要滴出墨水的姜仁权顿了顿："表情要柔和，这么苦着脸绯闻传出来直接成不合了。哦，对了，记得一定要有眼神交流。你拍戏时候那种眼神，要暧昧，还得不刻意。这不用我教你吧？"

"我不做。"

"必须做。"

姜仁权梗着脖子涨红了脸蹭地站了起来："不做不做不做！"

向工作室另一端闻声朝我们方向看过来余怡和杰森扯了扯嘴角，我用力地把姜仁权拽回了椅子。

"第一次见面我跟你说什么来着？"

"要叫姐，要听话。"

"所以呢？"

"听话又不是这么听的！反正我不做。不就是宣传吗？有绯闻就行呗，那就传咱俩的绯闻好了。"姜仁权一脸死猪不怕开水烫的表情。

我的太阳穴再次突突地剧烈跳动起来："传咱俩绯闻谁看啊？人家余怡可是一线女星，现在为了增加收视率愿意配合咱们你该谢天谢地了。别废话。"

"我就不！"

"你几岁了还这么不识大局啊？！真拿自己当根葱儿了？你以为你有得挑啊？"我压抑不住地站了起来朝他吼道。

杰森闻声走了过来，一脸和事佬地相劝我。

姜仁权默不作声地低着头，空气凝固得快要结冰。半晌，不顾杰森飞来飞去的眼色，他站了起来走到我面前。

"韩可可，如果这是你期待的，那么我做。"他用我从没听过的语调说，一副英勇就义的表情。

应邀采访主创的记者很快到了现场，我悄悄地去了幕后。姜仁权温柔细心地给余怡披上外衣时的柔软神情，让我的心情莫名缓慢地下滑着，像是浸了水的海绵失去了漂浮的能力。

当双方当事人都不承认也不否认的绯闻飞遍了各大网站首页，我心心念念的收视率也如愿以偿地占据了排名榜首。

尽管付出的相应代价是从我请了两个月的假装修以及布置新家以后，就再也没有一点来自姜仁权的消息。

装修和搬家的忙碌让我无暇顾及。忙完一切回到老家歇下来突念及此，不过是小孩子闹脾气而已，在看着我爸昂首挺胸地从老王家门口来回晃了半个小时以后我自我安慰着。

我没想到的是，在假期归来以后，我得到了第一条关于他的消息。

他要换经纪人。

六、你和法兰西一样，都太年轻了

一大早就开始指挥着工人在家里布置party，足足花了五个小时才算把一切布置妥帖。结账送走工人以后，我看着眼前的一切有些恍惚得不知所以。

这一切伸手可触的物体是那么没有实感，像是飘着的絮，你明明知道它就在那儿，它已经漫天飞散。可是你还是不确定，因为它和你没关系。我的房子，我和父母的照片，我花费了一个上午着手布置好的party，还有这个party的主题。

三十一岁生日，我迈入三字头的第二年。

姜仁权不是最后一个到的，但到的也绝不算早。

他进来的时候引起了屋里众女的一阵欢呼，而我正一手端着杯威士忌一手拿着个纸杯蛋糕交替着往嘴里送。我兴致盎然地向杰森、赵姐讲述着我贡献给我爸妈，贡献给公司，贡献给素未谋面的老王儿子的七年青春。

“他真应该做我爸妈儿子来着的。这算怎么回事，就是因为他那么牛逼，所以我就得埋头跟工作谈七年恋爱。我整个二字头的青春都贡献给了，”我一边说一边敲打着墙壁，“贡献给了这跟我没什么关系还只能属于我七十年的玩意儿——七十年以后我都一百零一岁了，这还能当棺材使不成？”

然后我顺着不停打眼色的杰森的目光看见了脸上怒气翻腾的姜仁权。我僵了僵，仰头干掉了杯中酒走到他面前。

我还没来得及开口，他就先声夺人：“你喝那么多酒干吗？”

“真是好久不见，得有半年了吧？”

“别喝了。”

“和你的新经纪人相处得怎么样？”

“我让你别喝了！”

我怔了怔，机械地吃着蛋糕，似乎清醒了些。眼前的姜仁权似乎不再是那个柔软的男孩了。他拽着我走到了昏暗静谧的阳台，似乎怒气勃发。风吹进窗台，我以为我已经清醒了些，这么看来我还是不够清醒。生气的明明应该是我吧？他哪来的理由生气？

他用力扳着我的肩，用他弥漫着雾气的眼睛凝视着我。

“你确实可以说好久不见，我却不能说。因为我每天每日都在看着你，只是你从来看不见我。对不起，我压抑不了对你的感情。可是为什么会为了工作、房子这种可笑的理由放弃你的法国？放弃你的我？韩可可，你总说我幼稚，可是你知不知道像个小学生一样为了博取父母一句称赞而放弃梦想的你才是最幼稚的？韩可可，你到底还知不知道你是谁？”

“够了！”威士忌的作用开始显而易见，因为此刻我头痛欲裂，但我还是勉强地给了他一个笑脸，“姜仁权，你和法兰西一样，都太年轻了，早就不适合我了。”

他像是被看不见的手捏住了声带，一声不吭一脸惶惑地缓缓地放下了放在我肩膀上的手。

杰森蹭进了阳台，看着我们欲言又止地叹了口气："该切蛋糕了。"

七、我是谁

我坐在地上怔忡地望着窗外，车水马龙的灯光透过落地窗闪烁着不真实的瑰丽。手机上显示着来自妈妈的短信："别总忙工作了，女孩家家那么拼有什么用？老王儿子都谈女朋友了，你还不抓紧着。"

"谁让你生了个还不想结婚的女儿呢。对不起，我不是老王的儿子。"

管得真是越来越宽了啊。我看着渐渐黑下来的手机，映出自己没有表情的脸。

这是我七年来的第二个假期，上一个假期我还在忙着装修这个新家。此刻大把大把涌上来的空闲时间让我喘不上气来。

是什么让曾经坚持过、热爱过的一切摧枯拉朽般破溃决堤，从而变得一发不可收拾。是老王的儿子，抑或真的只是为了博父母一赞？

可是不是要毫不犹豫地就拒绝母亲提出的谈恋爱的要求呢？

"韩可可，你到底还知不知道你是谁？"视线不自觉地飘向了阳台，姜仁权站立的位置。一定是已经对我失望至极才会那么决然地换掉经纪人哪。他是不是快要成功地成为自己想做的那个人了？他一定不会像我一样丢了自己是谁吧？

只是懦弱而已。

拿着巴黎机票的自己心里其实一直有一个鼓槌儿咚咚咚地找着退路，我只不过是在那么轻易要奔赴梦想的前一刻，惧怕地退缩了而已。那是一座悬崖，我不知道纵身跃下等待我的结局会是乌托邦，抑或是粉身碎骨。

老王的儿子，爸妈的嗟叹，不过是扇涂了厚重稀料的塑料门而已。我只是轻轻地触碰后，甚至没有推一下，就原路返回了。

在那么漫长的一段时间，我把自己沉浸在工作里，努力地忽略着，也试图说服自己接受着，被我一不小心远落身后的青春像列快速飞驰而过的列车，早已和我轰然错过。

然而这一刻，我必须承认，无数个日日夜夜我都在内心深处期待并相信着，无论是二十岁，抑或是二十岁时的梦想，只要我舒适充足地睡上一觉，醒来时我依然可以收拾收拾行囊，继续追逐。

我已再次来到那扇门前，这一次将决不退缩。

八、我们结婚吧

姜仁权约我到公司旁边的餐厅吃饭，却在我快吃完的时候才姗姗来迟。

他在我对面坐下，粲然一笑，一如多年前我初次见他一样。

“迟到的时间倒是挺像大明星的，怎么不戴墨镜口罩全副武装一下？”

“太热了。”

突然没了话，我继续一口一口地往嘴里扒拉着饭。

“吃东西的速度比原来慢多了嘛。”

“嗯。”

“听说辞职了？”

“嗯。”

“打算去巴黎吗？”

“嗯。”

“我们结婚吧。”

“嗯……嗯？！”一口饭卡在了喉咙，我剧烈地咳嗽起来。

姜仁权微笑着看我，温柔地抓过我的右手，从兜里掏出戒指戴到了我的无名指上，动作连贯一气呵成。

“可可可可是，你比我小七岁啊。”

“我七年前就说过我不在乎。”

“可可可是，你现在人气正旺……”

“演员、歌手姜仁权只是为了配合经纪人韩可可存在的。现在我是要陪韩可可走遍世界的姜仁权。”

“可是……”

“别可是了，韩可可，我爱你。我也愿意等你，我都等这么多年了，机票我都买好了，就别再让我等了吧？”

我是韩可可，三十一岁，无业未婚大龄剩女，正在前往走遍世界的第一站巴黎的飞机上，和比我小七岁的男朋友姜仁权，也是我携手今生的不离人。

PART 4　值得你等待的人往往最后才出现

沿途的风景 文/陈徐青

值得你等待的人往往在故事的最后才出现。

一、青野

又是一年秋天，时间仿佛被设定好了一般停留在十月，夏天的余热被一场台风吹得干干净净，梧桐叶开始狼狈地坠落，温暖止不住枯萎的脚步，我感觉它们在我脚下轻声碎裂。

这是我和萧婷最后一次在校园里散步，她靠近我说："青田，我们在一起吧，纵使我们都会去另一个城市，但我还是忘不掉你，还是习惯听你讲起你的故事时认真的样子。我不害怕距离，因为我相信你。你看太阳就快下山了，但我相信我们的未来还是会熠熠生辉的。"

然后我牵起了她的手，但很可惜，我们没能像童话故事的结局一样，我告诉萧婷："我们还是朋友。"

原因很简单，因为我曾经尚且握不住一个转身的距离，又如何守着两个城市之间的思念，而且我的心里再也装不下任何一个人了，很多时候错过比失去更让人手足无措。仅仅是靠长途电话里揣测不出对方心思的声音，去维系一段爱情未免太过牵强，世界就是这样，总是有东西横亘在我们面前，我无法跨越，或者说我没有勇气去颠覆。

我不想壮烈且寂寞地去爱，最后又无奈地败给距离。

很多破碎的事情总是不经意间变得完整，这些命中注定的，又感觉在情理之中。我们像各自生活在彼此的阴影之下，却坚信着自己的价值，如此矛盾反复地活着，直到现在即使我用尽巧妙的语言也刻画不出。在磕磕绊绊的沿途中，我们阅尽各自的风景，于是学会了珍惜，学会了放弃，学会了张狂，学会了收敛，学会了宽容，也学会了支撑起生的希望，那都是爱。

我决定离开家，离开我的庇护所，去一个需要我的地方。我想起青野在留学的前一天晚上告诉我："哥，是时候该为自己的未来做个决定了。"然后他带着我从未见过的笑容消失在了天际，那一年他十七岁。

虽然平时爸妈都对青野失望透顶，但还是会在空闲的时候翻出我们小时候的照片发呆，或者说是因为青野的离开才让他们觉得孤独，我也偶尔觉得怅然若失。

好在我们的青野似乎懂事了，不再像以前一样任性，逢年过节的时候都会乖乖地打电话回来，语气里还是带着炫耀和稚气的口吻。

"爸妈，别太担心我了，这里可好了，我学习也跟上了。"

"哥，国内学的英文都是狗屁，你看我现在说得多溜。我为自己做了个正确的决定，我喜欢这里的一切。"

然后这个孩子就吧唧吧唧地在国际长途里说个没完，丝毫不吝啬他的pounds。

抉择的时候总会彷徨，在我摇摆不定的时候接到了一通再平常不过的电话，是高中时的同桌毛毛打来的，一共是3分58秒无心的叙旧。

"哎，青哥，最近怎么都没你消息呢？"

“哦，明年就要毕业了嘛，大家都在找工作，哪有空陪你们玩哦。”我抱怨着说。

“早让你当初别死命考大学了吧，哈。”他笑侃我现在的窘境。

“呵呵，那高中毕业后，你们都怎么样了？”

“哦……我啊，进了铁路局工作，辛苦是辛苦了点，但是日子过得也挺滋润啊。那些少爷都有后台啊，毕业后直接坐上了办公室呢。你说这社会畸形不，我前些日子听说小白自杀了，真可惜……不过只是听说而已啊，你别太在意，哎……”毛毛叹了一口气。

“嗯……这样啊……”然后互相寒暄了几句就挂了电话，我很努力地回想毛毛说的“小白”是谁，很久后才记起一些关于他的零碎片段：读书很棒、腼腆、不会笑、有点娘娘腔、皮肤让女生嫉妒、成绩好到变态的那种人，但是家里很穷。

后来又有几个同学说起了这事，我想这大约是真的，理想太过丰满才会让人意淫不止。

以前数学老师总是要花上好几分钟表扬他的“功勋”，我们在函数里挣扎的时候他已经自学完了高中所有的课程，我一点也不觉得奇怪，因为他连坐马桶都会捧着书。

可结果呢？自主招生卡死在最后的面试，过度紧张高考落榜，复读一年结果也只是上了一个普通的二本，大学生活遭到排挤，交际差，人缘不好，找不到女朋友——当然这一切都是后话了。

青野也许说得对，成绩好能怎样？好成绩能让你上好大学？上好大学能让你找到好工作？然后拼了命地为房子的首付折腾个几年，再娶妻生子一起还贷款？等你真的想安定下来的时候，已经是土埋半身的老头了。那时候我总会像个大人一样苦口婆心地教育他，但青野会说：“哥，你知道你现在说话很像楼下广播机里喋喋不休的神曲吗？”然后他扭过头去睡觉，而我拧开蒙了灰的台灯继续啃我生日那天爸爸送的礼物，四百多页的《高中理科全解析》。

转眼就到了假期支教的日子，上火车前我抱了抱妈妈，那是我第一次拥抱她，也是第一次感觉到她佝偻的背，突兀如同贫瘠的山丘。她也曾绚烂过，但把最美好的年华无私地奉献给了我和青野。我觉得愧怍，但妈妈没哭，告诉我想做什么就尽力去做，到了目的地要听从安排，无论发生什么事记得家里永远有人在等我。

妈妈、站台、整个城市渐渐地化成一个小点，火车以每小时九十千米的速度拉长着思念的距离。

在前往山区之前，火车一马平川地穿行在一个又一个城市的边缘，本以为自己足够坚强，却发现遁入黑暗后找不到那丝光亮，整个人开始慌了手脚。然后是一如既往的失眠，我看了看幽暗的手机屏幕，凌晨三点，这个时候青野应该还在学校吃晚餐或者参加什么舞会，我知道这是血缘关系在作祟，我能时刻感受着他的感受。

早在两年前的这个时候，青野就独自前往英国，他厌倦了这里的一切，去寻找他热衷的东西，浪漫的葛特纳格林小镇，跪着唱*Angels*的性感男人罗比，谜一样的伍尔芙抑或其他，总之他是个很有想法并且忠于自我的孩子，他清澈的眼睛里有我看不见的世界。

我似乎忘记自我介绍，我叫夏青田，今年大三。在这个毕业等于失业的时代里我没有提前去找工作，而是选择利用假期去支教，一来可以把履历写得漂亮些，再者也可以磨炼一下自己。我时常为自己的小聪明而骄傲，这方面我成功地遗传了我父母。

现在我正在前往贵州一个山区的火车上失眠，并且懦弱地想家，在颠簸了十几个小时后我还要换乘汽车继续前进。

和平庸的自己一样，大部分时间里我并不是故事的主角，而是一个阐述者，讲述关于一个家庭背后暗藏着的故事，烦琐而冗长。

挣脱怀抱是需要勇气的，我想两年前的青野也一定在失眠，妈妈织的毛衣覆盖在他单薄的身体上，泛黄的头发遮去了他的眼睛，他或许会胆怯地问服务员要一杯果汁，又或许只是侧躺在椅子上，看窗外飞驰而过的景色。

这就是青野，我的弟弟，虽然我们流着相同的血液，拥有同样的基因，虽然我们都从上亿个精子中脱颖而出，不过一切都是为了后面的“但是”做铺垫。每次妈妈告诉别人我们是亲兄弟的时候，那些大婶总会惊叹道：“天哪，不会吧。”

可这就是事实，很多东西都是注定镶嵌在各自的生命里，却又有着说不清道不明的纽带暗自维系着微妙的关系。我羡慕青野，可以放肆地挥霍掉大把的时光而不用去后悔。总是有那么一些人引人嫉妒，可以如此颓废却又绚烂地活着，就连糜烂的伤口都有一千个一万个完美的借口。

成长总是伴随着岔路，我和青野选择了不同的方向启程，我们会阅尽各自沿途的风景，然后化作一个平淡的故事被你的十指翻阅。一切的改变都要追溯到十年前，经历过的一切像深刻的梦——你知道它曾经存在过，但是那么幻灭。

清晨的阳光慵懒地洒在餐桌上，一切都没有变过，我们从噼里啪啦的油锅声中醒来，空气中混合了果酱和鸡蛋的香味，赖完床后才起来，爸妈已经和往常一样留下便条各自上班去了，妈妈让我们吃完早餐才可以走，牛奶不可以剩，细心的妈妈准是猜到了青野会偷偷把牛奶剩给楼下的小猫喝。

妈妈是典型的女强人，在青野出生后被迫辞职，从此下海经商。我们的小伎俩从没有逃过她的眼睛，她的心思细腻到了极点，把事业整理得井井有条的同时，也让我们的生活很安逸，当然她也和别的女人一样，喜欢逛商场或者和小贩杀价，尽管我们并不缺那点小钱，大概女人追求的都是那种似有若无的成就感。她教育我和青野的方式很有一套，每次我们犯错的时候她总是说：“别忘了你们的房子、你们的零用钱是怎么来的，是我端盘子一碗一碗端出来的。”

我崇拜我的妈妈，她总能不动声色地察觉到谁心怀鬼胎。

相比之下，爸爸的瑕疵就太明显了，有多少人能接受白纸上的黑点呢。他是二婚，而且脾气暴躁，好在爸爸足够坦诚，没有刻意隐瞒自己的过去。我们不常谈起他以前的事，男人总是要面子的，除了知道我们有个姐姐之外，其他一无所知。在工人横着走依然吃香的年代里，因为和妈妈年纪都不小了，经人介绍不久后就结了婚，不隆重，但我猜想应该足够温暖。

我读五年级，青野还在三年级。那时候的老师夸我是“愚公移山”型的孩子，因为我每天回家都把作业很认真地完成掉，但是始终对着一百分的考卷发呆，我习惯了一后面加两个零，但它的意义除了能多出五块钱的零花钱外，再无其他。

同学间的打闹本是再平常不过了，体育课的时候只剩下我在教室里做作业，没想到班级里出了贼，几个人的零花钱被偷，我成了嫌疑人。结局你是知道的，那个时候都是一群人在下课把你拉去男厕所，就算讨不回失窃的钱，也要侮辱你一番。

谁说天底下的小孩都是好人呢，报复心和嫉妒心远远超出了想象。

我本想就此结束，但是青野听说我在男厕所被当马骑时准备替我“复仇”，做出了过激举动，然后就成了一起恶性事件。那天他带着劳动课用的美工刀冲进了教室，把那个欺负我的人给砍了，喧哗的教室里只剩下尖叫声，几个老师把青野拽出去的时候，他还拿着滴血的刀子，凶狠的眼神让我吃惊。那摊鲜血常常出现在我的噩梦里，那一年他才九岁，没有棉花糖，没有玻璃弹珠，我能看见的青野只有孤独的背影，他委屈地喊着：“为什么欺负我哥哥？他才不会是小偷。”

所有的偶尔突然发生在了同一天，一发不可收拾。因为妈妈下班比平时晚了半小时，没有发现奶奶在家休克，急救车送奶奶去了重症监护室，爸爸气急败坏地甩了妈妈两巴掌，妈妈打电话找外婆哭诉，外婆带了娘家的人气势汹汹地来讨说法，妈妈打了三麻袋的东西要回娘家，恰巧我把青野带了回家。我见状就哭了起来，抱着妈妈的腿不撒手，所有的邻居都凑在门口看热闹，青野走过去骂了他们一句：“你们都滚哪。”

其实一切都是有征兆的，奶奶的身体一直不好，家里常常只留下她一个人，甚至买保心丸都要她自己花上半个小时，药店不过一条街的距离，但是对于奶奶而言却是漫漫长路。二叔三叔最近往我们家跑得频繁，常常带一些打印纸过来，商量的时候总是把我们赶到房间里。我不解，但青野看出了事情的端倪。

“哥，他们是要分奶奶的房子。”

晚些的时候，二叔打来电话说奶奶转移到了普通病房，然后家里紧张的气氛才稍稍缓解。不过只是安静了半小时或者十分钟，甚至不够爸爸抽一支烟的时间，我的班主任带着受伤学生的家长来家访——这是多么冠冕堂皇的借口，他们不会来索赔医药费，真正的目的是要来出一口恶气，这么拙劣的伎俩甚至逃不过孩子的眼睛。

“我儿子手指缝了六针，你们说怎么办吧？我们家宝贝以后怎么写字，怎么做作业？你们家这个野孩子怎么就这么贱，是不是你们家都这么贱？”女人的第一句话就如此犀利。

“这个……是怎么回事……”妈妈转过身扫了一眼我和青野。

“青野……怎么办……”我感觉到事情似乎没有那么简单。

“该怎么办就怎么办，是他们先欺负人的，我就不信能把我怎么着。”青野似乎没有讨饶的意思。

“青野，别这样，到底是你闯了祸。”我始终是想息事宁人。

“哥，你怎么这么懦弱！你不强硬一些他们还要欺负你，今天能把你骑在裤裆下，明天就能往你身上撒尿的……”

“哎哟，你不晓得呀，今天我儿子和你们家大儿子在玩呀，是不小心才撞倒他的，你们家这个小田也太娇气了，怎么就哭了呢？然后那个野东西就冲进教室来砍我儿子了，你看看你看看，怎么教小孩的，这个是要坐牢的。真是贱坯，你们全家都贱。”女人索性骂了起来，她的儿子也嚣张起来，诡异地朝着房间里的我和青野笑了起来，我诧异地看见一个不到十多岁的孩子能笑得如此让人发寒。

“小强妈妈，你先别激动，孩子家教是有问题，但是我们教师本着孩子健康成长的宗旨还是要调解一下的，你们觉得呢？青田、青野的爸爸妈妈？”老师的笑看起来虚伪极了。

“这个……我们会处理的……”爸爸点起了一支烟，尴尬地赔笑。

“会处理？怎么个处理法？你今天不好好教训下你那个野儿子，我们就替你揍他，你信不信。”那个男人又暴怒了起来，撩起袖管指着爸爸说。

“我咒你们全家，有种来打我啊，不关我爸妈的事，来打我啊。”青野抄起一个易拉罐就砸了过去，我拦都拦不住，然后客厅再一次沸腾起来。

“哎哟哟，不得了啊，你看看你看看，儿子，别怕他，他不是砍你吗？你也砍他，我们家里有钱，赔给这些贱坯就是了！”

我还是躲在门后面，但我依然看见父亲尴尬地掐灭了刚刚点燃的烟，嘴角抽动了一下，在那对夫妻的煽动下终于挥起拳头重重地落在青野脸上，我确定他真的是用了十足的力气，连母亲也急得哭了起来。青野顿时流下了鼻血，落在白色的大理石地砖上仿佛是炸开了的花朵，再一次染红了我的记忆。

有时候，人要给自己的冲动埋单。

“小强爸妈……要不，就算了吧……小田爸爸，没那么严重……我们只是来调解的……你别激动……”老师开始慌了起来。

“我打死你这个孽种，你读书读哪去了，狼心狗肺的……”父亲没有罢休的意思，提起裤子拿皮带就抽青野，刺耳的声音让我流下了眼泪。我看见青野蜷缩在地上，嘴里还是骂着：“你们都是瞎子，你们都是瞎子，你们白活这么多年了，到现在还看不出是谁的错。”

结果，青野骂得越大声，挨的打也就越厉害。

假如我没记错的话，母亲帮青野掩护的时候也挨了几下皮带，不过还是劝下了父亲。爸爸瘫倒在椅子上气喘吁吁，我想他也是这个时候看见了地上的血。

“那……我们告辞了……”老师拉着小强一家三口往门口走，母亲追了上去，悄悄塞给他们一沓钱，那是我从未见过的厚度。

一切总之就是一场闹剧，父亲的那拳打破了青野右边鼻孔的血管，我和妈妈带他去医院做了小手术，我甚至看见医生将散发着寒光的镊子放进青野鼻子的时候他疼得皱起了眉，拳头紧紧地攥在了一起，就连一旁的护士都说，怎么这样打孩子啊。

尽管这件事过去很久了，但青野还是会在某个夜晚悄悄地对我说：“哥，快给我纸巾，不然血又要滴到枕头上了。”

此后青野完全变了一个人似的，遇到不顺心的事情再也不会像以前一样骂上一句“操”，取而代之的是冷漠的目光和不屑的笑容，我真的很担心他，我宁愿他满嘴脏话也不要对自己那么残忍。虽然青野逃过了开除的处罚，但有眼睛的人都看得到，青野的境地十分尴尬，老师不愿意对他多说一句话，没有同学会接近他，就连学校的广播里也含沙射影地告诫大家不要和危险孩子在一起，最后学校把他留级了。

那件事仿佛是一场浩劫，给我的童年留下了太多深刻的记忆，或者说是伤痕。后来调查证明小偷是翻窗进来的，并在墙上留下了脚印，这就变向证明了我的清白，但是对于青野而言，那不是一句对不起能够化解的。我记得不管那天是多么人声鼎沸，我模糊的眼睛里始终看不到青野的眼泪，在我感觉世界快要崩塌的时候，他从来没有示弱。一个屋檐下长大的两个人，怎么会有这么大的区别，我觉得委曲求全能自保，但是青野却从骨子里热爱着反抗。

上初中后我逐渐接受了类似“惆怅”“缄默”“失落”等稍稍复杂的字眼，但没有什么比“蜕变”更让我刻骨铭心的了。

儿童节的那天学校给了半天假，我去接青野放学，人群中的他很好分辨，总是站在队伍的最后面，妈妈洗完的校服又被他弄脏了。我从人缝中钻到了他前面，朝着青野挥手。

“哥，你怎么想到来接我了？”我的出现让他十分高兴。

“我们学校也放半天假，你看我给你带什么来了。”我拿出妈妈给我冲的半杯果珍。

“哥你真寒酸，怎么就半杯？”青野拧开盖子就喝了起来。

“谁让你今天又打架了，浑蛋。”听到我说这话的时候，他差点喷出来。

我和青野回到家的时候，意外地发现门口突兀地横着一双高跟鞋，浓烈的红色不可能是妈妈喜欢的。今天家里的光线很暗，全部被一扇虚掩着的门挡住了，里面钻出忽明忽暗的微光让空气中的灰尘原形毕露——原来这个看似平和的家里一直都是暗流涌动的。

那是我第一次从门缝里窥探到大人的世界，那件被妈妈认真熨烫过的衬衣皱巴巴地附在爸爸的身上，外套、香烟和书本纷乱地散了一地……

我的灵魂像被抽空了一样，一系列只有大妈剧里才能看到的情节开始疯狂地蔓延，我不敢往下多想，一瞬间崩溃的感觉让我记忆犹新，我甚至来不及哭。

我被青野推走，他用尽所有的力气才把我顶到门口，他甩起书包对我说：“快，哥，我想我一定是把什么东西忘在学校里了，快陪我去取！”我忘记了自己有没有反抗，在青野把大门轻轻关上的时候我听见了他话语中的颤抖。

回到家的时候仿佛一切回归自然，可谁又知道平和的表面下暗藏着波涛汹涌呢？妈妈在厨房炒青菜，见到我和青野回来了便让我们先去洗手，否则不许看动画片。我看见爸爸在阳台上抽着烟，刚才还凌乱的房间整洁得像刚打扫好的一样，财经频道准时地在六点的时候播出了《今日股市》。

没有什么区别，唯独少了门外妖艳的高跟鞋。

儿童节播放了《机器猫》，我看见滑稽的野比家实在是高兴不起来。有时候我真的心疼妈妈，但不会责怪爸爸有多么懒，但这一次我真的恨透他了。

我没出息地哭了起来，青野问我："哥，你怎么了？"

"没，眼睛疼。"我一边擤鼻涕一边回答他，其实那个时候谁都能看出来我在哭。

儿童节结束了，机器猫也休息了，大雄又被胖虎揍了。另外一个房间传来爸爸有规律的鼾声，我看了看身边的青野，他大概也睡着了吧。黑夜把每个人的心思都包裹了起来，除了我不会有人发现枕头上的湿热。

其实我有找过妈妈谈话，但始终无法启齿，对于我而言更觉得耻辱，我心疼妈妈，这么专一地为家庭付出，得到的却是丈夫光天化日下的背叛。妈妈抚摸我的脑袋，说："青田，妈妈知道你长大了。"

今天青野意外地在我之前起床，等我刷完牙的时候他已经在餐桌上啃起了面包。我把书包放去门口的时候看见他在疲惫地揉眼睛，妈妈的便条也被他撕得粉碎。

我看了看表，已经六点半了，我装起面包就准备赶去学校上早自习，我半只脚已经跨出去的时候青野发出了微弱的声音。

"哥，别走，我不行了，快给我一张纸巾……"

我承认我有很强烈的负罪感，青野变成这样与我有脱不了的关系，如果当时我勇敢一点的话，事情不至于发展到像今天一样，但是又能怎样呢？随波逐流的感觉真不好受。

我拧开台灯，继续做下一本作业，闹钟支配着我今天的睡眠。我继续言听计从地过着无关痛痒的生活，而青野则是在挥霍中成长。

二、夏琳

今天是星期六，温暖的天气很适合多睡一会儿，可我没办法每天自然醒，楼下还是神曲的声音，比我的闹钟还准时，几年没变了。

我看了看镜子里的自己，真够糟糕的，胡子可以舔进嘴里。十六岁的自己，沧桑得像三十六岁，但是今天我还是要为夏琳打扮一下自己，我偷偷翻出爸爸用钝的刮胡刀片，用青野的发蜡把自己抹得像只刺猬，其实那时候一点也不帅，甚至傻极了，但是好歹给了自己一个不错的心理暗示。

这一年，我如愿以偿地考上了市里的一所重点高中，假期里莫名其妙地参加了一个挺官方的作文竞赛，意外地拿了一等奖，据说高考对口的专业可以加分，于是爸妈顺水推舟地帮我报了戏剧班。

突然间就发现身边的一切开始变得不同，十六岁伴随着躁动，自己坚信的“纯洁”突然就像变得不复存在了一样；不敢看异性的眼睛，却还是把目光悄悄地停留在女生微微隆起的胸部和越穿越短的裙子上；明明不相信所谓的爱情还是无可自拔地期待。

走在大街上会下意识地整理被吹乱的头发，或者抽筋般甩着刘海，虽然在光鲜的人群中我一点也不显眼，但我还是想把最好的自己展现给夏琳看。

教戏剧的老师四十岁左右，或者可能更老，不喜欢在学校上课，所以在家里办了个小班，教十多个人。妈妈让我每次去都必须要有收获，除了高学费以外，光是通关系就“贿赂”了好几千块，我问她：“怎么做什么事都要钱钱钱的，俗气不？”青野这个时候插了一句嘴：“哥你好天真，没钱你能办成什么事？”

这个孩子总是这么口无遮拦。

我还记得第一次看见夏琳的情景，我说“看见”是因为我注意到了她，而她可能根本不知道我的存在，反正我已习惯了被埋没。

大家围在一起看老师剪辑的《梁祝》和几张循环播放的粗糙幻灯片，让我们学着如何找准戏剧的支点时，客厅里进来了一个打扮讲究的女孩子，看起来年龄不大，但是很有居高临下的气势，我无意间看见她的高跟鞋，也是红的，不过不是我记忆里的浓烈的色彩，而是洋溢着活力和倔强。

男生开始不安起来，有的干脆交了白卷，回到客厅的桌子上换个更好的角度观察她。

"臭男生，就知道他们狗改不了吃屎。"一个女生说。

"你以为呢，他们当然是来看夏琳的，她可是这里出了名的美人。"另一个女孩语气里透着羡慕和嫉妒。

写戏评的时候，我总是歪着脑袋构思，但是经历过心动感觉的人们都知道，精神根本无法集中起来，夏琳就是那种很有气场的女生，她的吸引力来源于自信，或者说是独一无二的气质，她天生就属于舞台。

老师在我们写作的时候出门准备晚饭了，我把写完的作品放在了他的写字台上。

夏琳走过来取东西的时候，我恰好撞见她滚烫的眼睛，像深邃的湖水一样宁静，漆黑但绝不空洞。

我才恍过神，这样盯着别人看是很不礼貌的举动，我赶紧尴尬地挠了一下头发，对她说抱歉。

"呵呵，你好。"她的声音很清澈。

"我好？嗯……我很好……"我不知所措地回答她。

那种心情有点类似劫后余生，差点被她的眼神给灼伤了。

吃晚饭的时候，我很乖，低头扒着饭，听着大家边吃饭边讨论的话题。

夏琳换了身衣服准备出门，老师说："琳琳你不在家吃一点吗？"

"不了，我说过我自己饿不死的，你还是多关心你的摇钱树们吧。"她推开门，潇洒地消失在过道里。

气氛有点尴尬，老师苦笑着说：“我这个女儿啊什么都挺好，就是太倔……”

可是男生们没有逗留的意思，全部随着夏琳的离开而散去，我正准备走的时候老师叫住了我。

“你叫夏青田是吧，我刚才粗略地看过你的作品了。”他拍了拍我的肩膀。

“是的，时间挺紧的，所以……”我有点没底气。

“没，没关系的，就我多年的教学经验来看，你还是很有潜力的，如果你的文化课成绩好一些的话，我可以帮你进好大学，不过你要听我话认真修改呀。”他又憨憨地笑了起来。

其实我一直没懂他和我说的话，到底是夸我，还是在赞美他自己。

回家路上我收到青野的简讯。

“哥，我和朋友去一家酒吧听音乐了，晚上会赶在爸妈回来前睡觉的。作业拜托你了，我知道你不会拒绝我的。”

没有商量的余地，这个孩子说话总是那么理所当然。

和你猜想的一样，除了两点一线的生活，我似乎又多了一些遐想的空间，我常常和青野比画夏琳的样子，可他总是笑我的审美有问题，对我口中的美女不屑一顾。

每个周六都让我期待，明明很胆怯却又跃跃欲试，真是鬼使神差，我注意到了同学的打扮，偷听男生对于衣服的搭配，或者如何能让头发吹得更好看，可我回家不管怎么吹，都吹不出那种感觉。

好像做什么事，我都没有天赋，上高中才发现自己不管如何努力，做再多的题目，成绩也只能勉强维持在中等水平，甚至比不过那些把头发染得花花绿绿的女生和整日抽烟喝酒打篮球的男生。

我无奈地摇了摇头，真不知道这些化学方程式、左右手螺旋定则、楞次定律和听不懂的DNA、RNA、ATP到底可以帮我考进什么大学。我不像青野可以放肆地在课堂上睡觉，或者逃课去网吧、去酒吧、去看美女，他毕竟还小，只要回头一切都还不晚，可我要面对的是接踵而至的大小测验，然后要分科，要会考，我连挣扎的时间都没有。爸爸说："我们培养你花了很多的心血，除了高考你无路可走，你只要按照我们的指点走就没错，你会有好工作、好生活，一切都会有的。"

十六岁的我单纯地相信了这些话，而青野听我复述完以后却发出奇怪的笑声，像是打心眼里的蔑视。

"哥，咱爸太腐朽，又不是旧社会了，现在的教育啊都是美化过的八股文，一样残害学生哟。"

"可是……不读书能干吗呢？"我有点没底气地反问他。

"那你先告诉我读好书了又能干吗？"他又笑了，这是我第一次那么认真地看他的眼睛，桀骜不驯的，或者说是盛气凌人。

和我说这些话的时候，他才十四岁。

周六那天我起得很早，把声音压得很轻，蹑手蹑脚地从爸爸的抽屉里翻出小刀片开始修理胡楂，尽管如此还是被妈妈发现了，她很有深意地说："我们家青田爱打扮了，男大也不中留啊。"

我一直很不安，生怕自己露了什么马脚，不过真的坐在老师家的客厅里见到夏琳的时候我还是觉得一切都是值得的。

"夏青田，你来得真早，先在客厅里坐下吧，或者把上周的作品先拿去修改一下，今天我们上课要用的。"老师说完就回到了房间里，我看了看手表，天哪，自己居然早到了一个多小时。

"夏青田？我看过你的那篇评论。"夏琳今天没有化妆，但还是很漂亮，让我有点手足无措。

"呃，是的……"

"很不错，我觉得比另外几个学生写得更有深度。"

"谢谢……不过我觉得他们也很优秀啊……"

“优秀？”她笑得很轻蔑，很像青野笑的样子。

“我很喜欢你最后的那句话。你说，懂爱情的可能并不是梁祝，也不是蝴蝶，又或许他们的爱情根本不存在。两人其实远隔千年，懂爱情的，是人心。”

“难怪他这么看重你，换作是我也一样，你很有天赋。”夏琳的话让我更加慌乱了。

结果，就是那一天的课我都在走神，我想是有一种前所未有的感觉在萌芽，我尽力掩饰起心中的慌乱，让自己能够坦然地和她聊天，就算我对她的世界一无所知，但我还是愿意相信自己的直觉。

下课的时候，老师照惯例把我留下来“指点迷津”，其实我更关心的是他口中的“捷径”。我很失望，他说的几乎都是好好学习天天向上的客套话加废话。不过好在我离开的时候，夏琳正好也要出去，我暗自高兴，提醒自己要好好把握这次机会，不能紧张，不能出丑。

“你叫夏琳吧……嗯，很美的名字，你要去哪儿？”我几乎撑破了胆才说了出来。

“谢谢，我要去上班。”

“哦？我骑车了，很棒的捷安特山地车，载你去吧？”

“呵呵，不用了，前面的第二个路口有人接我。”她很爽朗地笑了，但绝对不是讥讽或者歧视我的寒酸的热情。

走到路口的时候果然有人在等她，虽然我平时不太关心车的品牌，但我还是从周围人惊讶的神情里看见了无限拉风的宝马敞篷跑车，我后悔自己刚才说什么很棒的山地车，简直丢死人了。

“那么就这样了，感谢你今天的陪伴，早点回家，再见。”然后她和我告别，向宝马的主人相视一笑，暧昧地说了几句话，巨大的发动机声响淹没了那一刻所有的喧嚣。

我有点难过，说不出的失望，像是在吃醋，但是很快地发现自己没什么好失望的，没有得到，谈何可惜。

大概就是在这个时候我热爱上了写作，无比羡慕地看着郭小四的年收入和韩大爷的博客点击量，虽然我可能一辈子做不到这些，但我至少可以得到夏琳的赞美，我看得出来，她是真心赞美。

我的灵魂像找到了喷涌的裂口，像沙漠里久违的湿润，疯狂地滋养了我的干涸。我不再像以前一样把大部分时间浪费在千篇一律的书本和实验室里，有那么一段时间我恨透了它们，我开始读《诗经》和渡边淳一，并且惊讶地发现青野的书柜里藏着的一些书，有席慕蓉和伍尔芙的作品，我在他这么大的时候看过的似乎只有“华盛顿种树”“牛顿和苹果”之类的故事，但是我长大后才发现，这根本就是扎着蝴蝶结的谎言，都是扯淡，牛顿的万有引力和苹果无关，华盛顿也根本没种过树。

从那以后，我的作文每次都毫无悬念地被当成范文，写的小说也逐渐被一些杂志社采用，但班主任找我谈话的内容却是：“马上高三了，趁早放弃这些没用的东西。”

不过我还是坚持了下来，我发现自己原来如此热爱表达，自从认识夏琳以后我时刻想着她，以前在深夜里我甚至能够分辨出骨节拉长的“咔咔”声，而现在的自己也可以在无数个失眠的夜晚里看见另一个自己的成长。

好像故事说到这里的时候又发生了戏剧性的变化，在文理分科考突兀地横在我生活中的时候我没有像往常一样严阵以待，而是和生活打了个小小的擦边球，也算是我对枯燥的生活的一种宣泄吧。

引以为傲的文科成绩开始不断被别人超越，一张张不合格画满红叉的几何考卷，第一杯烈酒呛出的眼泪，还有震耳欲聋的酒吧音乐，我看见化着浓妆的夏琳在欢呼声中唱完一首又一首歌曲，人群骚动不止。

那天老师临时改换了上课时间，周末的安排都被打乱，天气预报里说今天晚上会有大雨，我正在犹豫要不要回家继续啃数学的时候，夏琳叫住了我。

“青田，去我上班的地方玩一会儿吧。”

“我想想，我妈不知道在不在家，我爸爸或许不会答应吧，我是不是该打个电话……"

"没事的乖乖仔，偶尔撒谎不会怎么样的，走。"她拽着我上了出租车，目的地是离这里不太远的酒吧。

酒吧的名字叫Cats，顾名思义，夜猫子的群聚地。我跟在夏琳身后推开了虚掩着的木门。

"龙嫂！大家都在等你呢。"一个打工仔模样的人迎了上来，然后周围的人都转过身来，小声议论起来。

"龙嫂？"

"是，这里的老板是我男朋友。"

"后面这个是我朋友，给他安排好位子，来一杯果汁，我去补个妆，让乐队准备好。"夏琳的气场在酒吧里的杀伤力果然不小。

我有些尴尬地窝在灯光比较暗的地方，窥视人群随着慵懒的音乐蠕动着，烟在绿色的灯光处突然变得很鬼魅起来。

夏琳的出场一下子引爆了酒吧，我没想到她的声音这么有穿透力，像是心脏也跟着一起跳动起来，在灯光的变幻中她仿佛成了一只精灵。后面几个男孩说："什么超级女声，还不如夏琳呢，她去比赛一定晋级。"

夏琳出现在我身边的时候，一股浓烈的香水味弥漫开来。

"来，一起玩。"

"什么啊……我不会……"

"走，上台一起玩玩。"

然后我几乎是被推上了台，甚至还穿着傻乎乎的校服，有点不知所措。

"给我面子嘛，唱首歌，或者跳舞，你自己选择，在这里要放得开。"她凑到我耳边这么说，我没有任何选择的余地。

“那……英文歌吧……”我随着伴奏唱起了有点走音的*Better Man*——那是在青野的MP3里学会的，人群很配合地安静下来，即使我的英文不那么标准。

这是什么感觉？突然觉得世界的中心是我，大脑一片空白，该怎么去形容呢，像是给否定自己的人重重地反击，那是从来没有过的关注，闪光灯、欢呼、尖叫和掌声……

“在没有尝试之前，不要先否定自己。走吧，时间不早了，我送你回家。”夏琳对着我笑，满意地点了点头。

我已经不记得自己是怎样回答她了，我觉得生活原来是那么宽敞，看似平和的表象也许是危机四伏的陷阱，而处处提防的又恰恰是书本上学不到的顿悟。

走出酒吧的时候，天已经暗下来，相比里面的沸反盈天，突如其来的安静让我很不适应，我终于知道为什么青野会如此热衷于穿梭在这些成年人的娱乐场所了。

“青田，你会不会看不起我？我是说在这个地方上班，其实和贩卖自己没什么两样。”夏琳这样问我。

“不会啊，你喜欢就好……”

“喜欢？你这种乖乖仔不会理解的，我热爱音乐却得不到父母的支持，当初就为了和他们赌一口气才来到这里唱歌的。我第一次唱歌的时候也和你感觉一样，很受宠若惊。”

“我觉得这里挺好，不会像报道里的那样阴森，甚至我觉得他们是在夸张。”因为夏琳，我改变了对夜生活的看法。

“呵呵，那是因为你的眼睛里还看不出物质和欲望，我希望你只是来打发时间，而不是被操纵、被支配。”

夏琳对我说完这句话的时候，一场大雨如期而至。

三、潜伏

我回到家的时候妈妈似乎察觉到了什么，气氛有点尴尬，爸爸似乎很生气的样子。但妈妈没有揭穿我的小心思，我顺着她给的台阶下来，我们总是这么有默契。

“青野呢？”我问爸妈。

“这个孽种最好别回来。”爸爸恶狠狠地灌了一口啤酒。

“哎，我们操够心了，他就是太叛逆，让他怎么样都不听话，青田，我们只能指望你了。”妈妈往我的碗里夹了一大块红烧肉。

“怎么突然这么说？”

“刚才老师和民警来过了……他和社会青年打架，暂时回不来……”

“什么意思？怎么可能？一定是有原因的，你们都了解青野，他脾气是不好，但是心地是善良的，你们为什么不去保他出来？！进去管教过的话会毁了他的一生的！”我第一次对着爸妈发脾气，我不敢想象青野被关在阴暗的小房间里，像个罪犯一样。

我甩了筷子把自己关在房间里，我不明白为什么别人都这么荒唐，没有人比我更心疼青野，他在我心里永远是那个明眸皓齿的孩子，可如今为什么他要一个人背负这样的空寂？

是我的忽略，我没有足够关心青野，甚至是疏远了他。过去的几个月里，他每天都是赶在爸妈下班前才到家，带着一身烟酒味，手上还有一些伤口，有些结了痂，有些是新添的。我本想问他是不是又打架了，可青野擦完酒精后掀开被子就睡了，我在做作业的时候一直听见他闷声地咳嗽，我心疼极了，可我发现我和爸妈一样对他无可奈何。

失眠开始侵袭我的防线，爸妈在客厅里的细语更加刺痛了我，在我两岁半的时候妈妈“意外”地怀上了青野，那时候多生一个孩子意味着生活更加艰苦，妈妈不忍心堕掉这个小生命，于是辞掉了工作，我常常想没有青野的生活会是怎样。而恰恰因为他成了我挚爱的亲人，所以许多话才成为禁忌，我们互相对自己的秘密守口如瓶，却对彼此的缺憾捕风捉影，隔阂不是一夜产生的，代沟亦是日积月累。

我想，如果有一个懂他的女孩爱他，是不是一切就不一样了。

青野被保释的那天下着细雨，我请假和妈妈等在了围墙外，里面只有空旷的操场和冰冷的铁门，破碎的墙角堆着几块碎砖。他们的头顶虽然有广袤的天空，但是谁晓得他们心中的荒凉。

妈妈花了不少钱才托上了关系，铁门打开的时候我看见衣服褴褛的青野，他又消瘦了不少。

“宝贝。”妈妈一下子就哭了出来。

“对不起……”青野也红了眼睛。

“有什么事我们回家慢慢说，妈妈不怪你……”

简单的晚饭过后青野就回到了房间，他一定也察觉了紧张的气氛，爸爸气得饭都吃不下，若不是妈妈在桌子底下的暗示，恐怕他早甩青野一个巴掌了。

“青野，该说对不起的是我，我可以知道事情的经过吗？给我一个补救的机会。”我的关心突然让他有些错愕，不过我还是坚定地想知道答案。

“哥，算了，都过去了……”

“不行。我知道不是你先动的手，可为什么事情会那么严重？”

在我锲而不舍的追问下，他终于把所有的事都告诉了我。初中的时候虚荣心作祟，青野被几个高年级的学生推荐加入了当时的一个社会组织，里面大多是刚毕业或者辍学的少年，打劫同学聚众斗殴，专门干一些乱纪不违法的事，还要定期收保护费，用来消遣无聊的时光，挥霍于娱乐场所。

青野也是那个时候背着爸妈和他们在一起的，后来他们的老大得知青野打架很厉害，而且敢作敢当，就免去他的保护费，并且提拔青野做他的打手，报酬就是可以有一群胸大无脑的女生挑。

可是一山难容二虎，他们和当地的另一个黑帮起了冲突，他们的老大原本只是想带几个人去吓唬一下对方，可谁知道对方玩真的，拿起刀就追着砍，青野虽然侥幸逃脱，但是也伤得不轻，他亲眼看见他们的老大被几个人硬生生压在地上，而且被剁了三根手指，警察赶来的时候那群人早就逃之夭夭了。

青野和我说起这些的时候都还心有余悸，他就是那个时候想退出的，但是那个黑帮想拉拢他，就让几个人来学校门口堵他，青野怕吓到别的孩子，让那几个混混快点滚，但是他们不买账，结果就打了起来，学校以为青野又闹事了，不分青红皂白地就报了警。

我问青野：“厌倦这样打打杀杀的生活了吗？”他说：“厌倦了，哥，我想重生。”

我原以为重生是美好的，可没想到它比甩去一个人的过去更加困难，你以为自己可以泅渡黑暗，却不料被它层层包裹，最后才明白，成熟或成长，不过是一个缓慢的失去的过程，这样的疼痛，甚于切肤，等同折磨。

周六上完补习班我约了夏琳吃饭，最近发生了太多事让我迷茫，我需要找一个人倾诉，她爽快地答应了。六点半的时候，她准时地出现在约定的地方，蓝色的毛衣，长发错落有致地披在锁骨上。

我和她说青野，说我的家，甚至把自己的一切毫无保留地告诉她，然后有些懊恼地趴在桌子上，连我自己都觉得这些事荒诞极了，更何况是听的人。

“这就是生活，很多事我们还没有反抗的资本，我也是这么过来的。”然后夏琳也叹了一口气，不过她的叹息更顺畅，更让人觉得舒服。

手机响了，是青野。

“哥你在哪儿，能不能快点回来一下，我这里出了点事，你带一个装鞋子的纸盒，买一盒无菌牛奶，记得让店员温一下，最好买一个针管和一袋消毒纸巾。

快点，我在小区门口等你。”然后他就挂了电话。

“嗯？是不是家里的电话？早点回去吧。”

“那……你呢？难得一起出来的。”我觉得很遗憾。

“没事，有空再联系就是了，快回去吧。”夏琳帮我收好了书包，等我上了出租车之后她才离开。

等我按照青野的叮嘱买齐东西的时候已经过了半个多小时，好在我赶过去的时候他还没离开，还没等我问个明白的时候他就过来抢走我的东西一头钻进了树林里。

然后你猜到我当时那种哭笑不得的感觉吗？不过青野像是很认真地在做一件事情，我很少在他消极的生活中看见这样的热情。

在他钻进树林的时候我也跟了进去，仿佛惊醒了什么似的，然后叽叽喳喳地叫成一团，像是等待奶水的小兽。

“太好了，都还活着，哥你快来看！”青野兴奋地拽着我的手。我看到那是四只不足手掌大小的猫咪，身上有些脏，甚至还带着血迹，就连脐带也没分开，就像几只连体的小老鼠一样互相从对方的身体上爬过。它们眼睛尚未睁开，只有稀少的胎毛覆盖在身上，地上的脏水黏住了它们，看起来似乎在瑟瑟发抖。

“还愣着干吗，把你随身带的剪刀给我，母猫已经死了，再不把脐带断掉它们也活不下去的。”青野伸出右手问我要剪刀，另一只手轻轻地提起一只小猫的前爪。我只好照做，不过挺有意思的，我想看看他准备怎么去救这几只小可怜。

明显看得出青野很紧张，生怕出了什么差错，在小猫的挣扎中很难把剪刀的位置调整好，不过还算顺利，我帮他固定住了小猫摇晃的脑袋，很快把它们分离了出来。我直起身想伸个懒腰，没想到青野又开始差遣我了。

“牛奶呢？是不是温的？先给我抽一管，别太多，十毫升。”口气不容回绝。

青野用左手固定住小猫挥舞的前爪，这样就把脑袋给露在外面了，他把针管塞进小猫的嘴里，然后轻轻地推动活塞，白色的液体缓缓流进小猫的嘴里。

“哥你看到没，它吃奶了，真是好孩子。”青野终于露出了笑容，我也听见小猫粉嫩的小嘴吮吸着针孔，我想虽然没有母乳的柔软，但它们一定能够感受到被滋养被心疼的温暖。

我把装水果的盒子清空，铺上刚买的毛巾，然后从青野手中接过一个个吃饱的小东西，我摸到它们微微鼓起的肚皮的时候也笑了出来，青野后来用消毒纸巾帮它们擦拭身体的时候，它们显得很配合，是不是觉得像妈妈湿润的舌头在舔自己呢？其实爱和被爱同样都是幸福的。

可是麻烦接踵而来，天色已经很晚了，我们必须回去，但是把小猫丢在树林里晚上一定会着凉，但如果把它们带回去，爸妈一定会尖叫着赶走它们，我问青野打算怎么办，他看了看纸盒里蜷缩在一起的小生命说：“走吧。我认定它们了，一定要救到底。”

然后青野指给我看那块松动过的土，告诉我是死去的母猫的坟，青野在散步的时候遇见了它们，似乎是冥冥中的传承和生命的接力，他用手刨了一个洞，把已经引来虫子的母猫给埋了。离开的时候我还学着青野的样子做了祈祷，至于是不是徒劳，那已经不重要了。

我取出钥匙打开门的时候爸爸已经吃好饭了，白色的碗底掐灭了好几支烟，不满地弯曲着。妈妈脸色也不太好看，我们至少晚了一个小时回家。

青野抱着盒子就往房间里走，妈妈反复追问我他到底带了什么东西回家，无奈之下我只好随口编了个故事，里面是我学校里的书，今天正好遇到青野，就顺便一起搬了回来。妈妈也没说话，起身把我的饭菜放进了微波炉里加热。

但是谎言到底是谎言，始终掩盖不了事实的真相。八九点的时候小猫突然躁动起来，用细小的爪子挠纸盒子的边缘，发出了刺耳的声音，然后它们像集体抗议一样，啼叫了起来。

“天哪，什么声音？”妈妈是最怕小动物的，立刻察觉到了是青野带回来的。

“哥，快把门锁起来，我想办法把它们藏好。”我立刻扣下了锁，和妈妈说，没事的，是窗子外面的声音。

知子莫若父——这样的形容再准确不过了，爸爸早就发现了青野的反常，或者说他时刻都在等待机会教训青野。他和妈妈在门外重重地敲门，并且互相在猜测着什么。然后爸爸怒不可遏地蹬开了门，门轴应声断裂。青野正在慌不择路地把盒子往床底下塞。

小猫叫得更厉害了，暴怒的爸爸顺手抄起拖把就往床底下捅，我知道爸妈平时最讨厌小动物，他们觉得又脏又恶心，还吵得让人睡不着觉，以前青野也带过一只小狗回来，最后被爸爸残忍地丢在了垃圾桶旁边。

“爸，你先别激动，我们慢慢和你解释。”我觉得这样捅下去迟早要了小猫的命，况且那是青野花了多大的心血才救下来的，我试着让爸爸平静下来。

“解释个屁，现在连你也会违抗我了是吧？我今天不把床底下的畜生弄死就不姓夏！”爸爸把我推开，径直冲到了另一边。

“神经。你看看你现在的样子，吓唬谁呢？今天你要弄死它们，除非先把我弄死。”青野的不屑一顾让冲突变得更加厉害，我和妈妈赶紧上去拉住爸爸，有时候他发起脾气来比青野更冲动。

“我今天就弄死你，你现在别嚣张，夏青野你耳朵给我竖起来了，要么你把这些畜生扔出窗外，要么你就给我滚出去，别回来了。”爸爸气得脸色通红，用拖把的柄指着青野。

青野犹豫了一下，不过固执的他还是抱起了盒子打算离开，妈妈戳了他几下脑袋，问他还要不要过日子了，青野头也不回地说了一句：“什么事都怨我，我的决定从来得不到你们的赞许，你们多少次冷落我的热情，我有时候多渴望亲情，可是我还是否定了自己一厢情愿的想法，我在你们心里就是坏孩子，成绩差不听话，可是今天你们都记住了，如果当初爸爸没有不分青红皂白就打我的话，我怎么会走到今天这个地步？”

我和爸妈都有些愣住，一时间也不知道怎么办，过了好几分钟我才跑出去追青野，我知道他一定在花园里，以前他心情不好的时候都会在那里往人工湖里填石子。

“青野。你打算去哪儿？”我看见他安抚着盒子里的小生命，他果然在那里。

“哥你这是何必呢，你也看到了他们给我的选择，让我把亲手救起的小猫摔出去？我做不到。”他打开盒子心疼地摸了摸吵闹着的小猫。

“为了几只小猫，把这个家搞得鸡犬不宁的，值得吗？”

“哥，为了这个本来就出了错的家，再把疼痛附加给无辜的生命，这才是得不偿失。”

“你……可你要体谅爸妈，我们都是他们的儿子啊。”

“抱歉，告诉他们我配不上做他们的儿子，我知道我自己本来就是多余的，我只会惹麻烦添乱。这次我怎么也不想回去了。”

“你能去哪儿，这些小猫这么脆弱，况且你连自己也照顾不好。”

“哥你放心，我有几个朋友在Cats酒吧里工作，先去凑合过几天吧，离这里不会太远的。”

“Cats？里面是不是有个女孩叫夏琳？”

“哥你怎么知道龙嫂，她是那里的主唱，而且对我们挺好的。”

“你等下，我先给她发一条简讯。”

我是这样告诉夏琳的，我的弟弟为了救几只小猫和家里闹得挺厉害的，能不能安排他到店员宿舍里凑合住几天，等家里平静下来了我会来接走他。

很快收到了她的回复：“好的，你们现在过来吧。”

我送青野过去的路上他一直在追问我是怎么认识夏琳的，我说是在戏剧班认识的，她的爸爸是我的老师，青野很诧异地说："夏琳是单亲家庭，从小都是她的妈妈抚养长大，怎么会突然出现个爸爸呢？"

我摇了摇头，这个世界本身就太复杂，每一个人都微不足道，你永远无法知道别人的生活是什么样子。

一路上妈妈不停地打我手机，我有点不耐烦地说："妈你放心，青野只是出去安静一下，你在家好好和爸爸说说话，他在我同学家里，没问题的。"

夏琳赶来的时候青野正在用湿纸巾替小猫排便，难怪它们刚才这么躁动，原来是想上厕所了。我和她有点吃惊地看着青野轻柔地触碰小猫尾巴下面的皮肤，然后听见一声有力的啼叫，秽物溅了出来，我扭过头下意识地躲了一下，夏琳也捂住了鼻子。

但是青野却自言自语地说："太好了，小猫很健康，可以换奶粉喂了。"

青野安置好最后一只小猫的时候累得坐在了地上，夏琳说："没想到你不止爱音乐，还喜欢小动物呢。"

"哦？龙嫂你什么时候来的？不好意思啊，我没注意。"

"没事的，下次叫我夏琳就好，我和他分手了，不过我还会在酒吧里唱歌。"

"怎么会……你和龙哥不是一直都很好的吗……"

"小孩子不懂的，你今天就在这里休息吧，晚点还会有人进来睡觉的，我已经打过招呼了，等你家的事平息下来了，再让青田把你带回家吧。"夏琳温和地蹲下来，抚摸着青野的脑袋。

"那么，青野我先回家了，记得保持联系。照顾好自己，还有你的宝贝们。"我抱了抱他结实的后背，感觉骄傲极了，我的弟弟原来是如此温暖的一个人。

很多年后，我在长途电话里问他当时为什么不顾一切，甚至是搭上自己的未来也要救它们的时候，青野说，本能，求生的本能让他震撼了。

天色已经很晚了，路上只有偶尔经过的路人，行色匆匆地赶回家，几乎看不见有汽车，喧闹了一天的城市重归宁静。

“给你添麻烦了，不好意思……”我有些内疚，我心里十分清楚有多少人是冲着夏琳才花钱去酒吧的，看不到她一定很不开心。

“没事的，不过你们一家人真是挺有意思的，给我上了一课呢。”她笑得很美，如果当时我能有一台相机记录下来该有多好呢。

“刚才你说……分了？”我还是克制不住自己的困惑，或者说我更想了解夏琳的世界。

“是，他的身边总是逗留着形形色色的女人，但我想我是爱他的，所以我才一直守在那里，我甚至替他顶过罪，但是这一次不一样了，因为他变了，所以我会慢慢淡出。”夏琳苦笑，说自己太天真，竟然相信了一个口是心非的浑蛋。

“……”我吃惊得说不出话，实在无法想象我喜欢的夏琳，是那种投怀送抱的风尘女子，不过我还是选择了相信，谁在年轻的时候没有坚定不移地相信一个人呢，即使对方是个满嘴胡言的骗子。

“青田，以后我们见面的机会可能会越来越少。”夏琳说这话的时候，我分明听出了她的留恋。

“为什么？你要去哪儿？可以不走吗……”我着急了，我害怕失去她。

“我是说你快高三了，而我也厌倦了在酒吧里卖唱的生活，我可能会尝试着改变一下生活状态。现在陪在龙身边的那个女人，我是认识的，她是另一家酒吧老板的人，来到Cats的目的就是献媚，博取宠幸，然后弄垮它。”夏琳把这些心惊肉跳的故事说得好像无关痛痒，我想一个人失望到极点或许才会如此。

“那你为什么不去告诉他们呢？……”

“我不想再去纠缠这些了。你该回家了青田，你是好孩子，我不应该污染你的。再见。”夏琳拍了拍我的肩膀，转身离开。

不知不觉冬天就来临了，有时候骑车会被突然刮起的风吹个趔趄。放学回来的时候我顺便带给青野几句妈妈的叮嘱，或是一些零花钱和便当。在小猫一天天成长的同时，我也感觉到了一些微妙的变化。

夏琳很少再去酒吧，大部分时间是和青野在一起的，他们聊文学谈音乐，彼此诉说烦恼，很默契的样子，我虽然不说，但也感觉到自己的身体像被扯开了一个口子，每一阵疼痛都清晰地闯了进来。

我们三个吃饭的时候反而是我的位置最尴尬，我不得不找不同的借口早点离开，我受不了那种暧昧的气氛，甚至受不了一句玩笑，一分一秒也忍受不了，若是别人也罢，可那个人是青野，他是我的弟弟。

我发短信给青野说："你可不可以别再闹了？该回来了吧，小猫眼睛都已经睁开了，你还想怎样？"他却回复我："哥，我知道你也喜欢夏琳，但我想我比你更适合她。"

我们之间再没有多余的话可说，我现在的心情和当年曹操放走刘备时一样郁闷。如果那天我没有告诉夏琳我需要帮助，如果那天我留下和她共进晚餐，如果那天我没有阻止爸爸乱发脾气的话，是不是现在那个可以和夏琳谈笑风生的人是我呢？

原来我的心胸是这么狭隘，不过我管不了这么多，我现在只想那个酒吧真的能够像夏琳说的那样垮掉，最好连东山再起的资本都垮得彻彻底底，这样青野就能回家了，然后我就可以像以前那样和夏琳并肩走路，一起吃饭，结局或许会更美妙，也许我会把我的初恋给她，还可以像所有情侣一样不必拘泥于大庭广众下地拥抱，是不是？

事情发展得好像和我预想的一样顺利，酒吧果然没能熬过这个冬天，一个月后我收到了夏琳的短信，她一定是难过到连标点符号都顾不上了。

她说："青田你可以过来陪陪我吗？"

四、惊蛰

我闹剧般的爱情开始悄悄上演。

我和妈妈说学校今天有晚自习，我可能会晚些到家，晚饭会在外面解决。妈妈很快给我回了短信。

“天冷了，吃点热的，等你回家。”

不知道为什么，看得我心里很不是滋味，我觉得妈妈一定会面对一桌子丰盛的晚餐轻轻地叹息。

在学校食堂里吃饭的时候我已经准备好了书包，打算在校门打开的时候混出去。

“今天悠着点吧，平时逃也就算了，今天巡视的是教导主任……”同桌毛毛拉住了我。

“谢谢，不过今天晚上我必须走，老师问起的话你就说我出去买药了，班主任知道我的胃病。”我这次是铁了心要去找夏琳，我都能想象出她此刻难过的样子。

“好的……我送你出去。”毛毛把盒饭扔进了垃圾桶，拍了拍身上的灰尘。

毛毛真是个不错的兄弟，以前我和他说起夏琳的时候他总是说：“操，喜欢就追啊，现在错过以后会后悔死的！”

我赶过去的时候看见酒吧的周围还有不少人在看热闹，可以想象之前有多悲壮，到处是碎裂的酒瓶和玻璃，断了脚的椅子横在路中间，还能隐约看到一些未干的血迹，警察拉起了警戒线。

我找到夏琳的时候她正躲在酒吧的后门抽着烟，那是通过一些曲折的暗道才可以到达的地，从里面出来就到了一条拥挤的弄堂，只有一些钉子户还住在里面。

“夏琳……你果然在这儿。”我看见她落魄地坐在弥漫着臭气和世俗的石板上，难过得说不出话来。

“青田……你过来陪陪我好吗？”她抬起头的时候我看见了一张哭花的脸。

“嗯……是不是……”

“是，今天他们走私毒品的时候警察早就候着了，那个女人像事先安排好一样地消失了，我看出了端倪，让他快点走，可是他却让我滚，滚得越远越好。我不肯走，他就让人把我丢在了这里。”

“那你后悔吗？早知道结局是这样了，何必呢？”

“不后悔，花无百日红。”夏琳的手托着额头，猛吸了一口烟，呛得直咳嗽，她呢喃着，把一个人的名字写在烟上，再狠狠地吸进身体里才刻骨铭心。

夏琳的爱太过浓烈，像一团火焰一样灼烧着自己和别人，但她不知道这样浓烈的爱，等同于互相伤害。

这场闹剧随着鞭炮声远去，酒吧被查封，几个和毒品有染的人都判了刑。从此我的世界里没有了喧闹的舞台和闪烁的灯光，再也看不见夏琳站在舞台上尽情宣泄。青野回了家，那些小猫居然奇迹般地被他养大了，并且被好心人收养，茁壮地成长在城市的各个角落。

那天晚上青野回来了，带着倦意说：“爸妈，对不起，我回来晚了。”

青野在新学期换了2+2学校，爸妈希望用“海归”的光环遮掩他的瑕疵，我原以为青野会继续反抗下去，但是这次他答应了，或者说是妥协了。我想他知道了代价有多么惨烈，且不说高昂的费用，是时候该珍惜一下青春了。

夏琳也回到了她的家，过上了一个平凡女生该有的生活，偶尔会出去打工，或者等我下课的时候一起去吃点甜品。

而我，则是在那个全世界都在为齐达内的红牌惋惜的夏天里，荣升高三。生活就是一条单行道，狭小到你没有任何回头的余地，我不想再多去抱憾，所以唯一的选择就是继续走下去，七堇年说：“这是生活下去的唯一途径，亦是获取幸福感的前提。”

和你想象的一样，我在题海里翻腾，在人群中搏杀。这便是足够奢侈的青春，可以花上几百个失眠的夜晚去填满那些和你将来无关的数字，或者壮烈地踩着别人的尸体，没有歉疚地往上爬。

我曾想过放弃，但是妈妈帮我温过的牛奶总让我感觉到自己不是孑然于世，好在我并不是无谓地在奔跑，至少我不孤单。

对于高三最深刻的记忆就是艺考放榜的那天，我从黑压压的人群中听见了欢呼和哀叹声，仿佛演绎着生活，非悲则喜。我核对了两次考试号，然后告诉自己说，夏青田，你落榜了，回家去吧。夏琳安慰我，她说艺考本来就是在优秀的人中筛选，能够取得考试资格已经很不错了。我拿着自己厚厚的一堆奖状，不置可否地点头。

妈妈宽容地原谅了我，只有爸爸喋喋不休，我知道自己闹腾了三年，花掉了家里不少的积蓄，不过事情没有想象得那么糟，至少我还有三个月的时间去冲刺文化科的成绩。

我不再去戏剧班了，老头说我是块好料，可惜了。这就意味着再也没理由和夏琳见面，我懊恼地把自己锁在房间里，把所有有关于戏剧的资料全部清理出去，无意中看见了十六岁时的自己写下的那句话——懂爱情的可能并不是梁祝，也不是蝴蝶，又或许他们的爱情根本不存在。两人其实远隔千年，懂爱情的，是人心。

这句话让两个灵魂碰撞了，但是没有火花，生活毕竟不是童话。

后来我幸运地以高出二本线几分的考分，有惊无险地结束了高三的折磨，这一次是真的解脱了，我不必为自己该不该复读而担心，甚至可以不再束缚于整整十八年的应试教育，我几乎触到了“自由”的尾巴，我给夏琳发简讯，我告诉她，这一次我没有落榜。

然后我们和以前一样在晚上游荡，这一次是名正言顺的。

“我早说过的，天无绝人之路。”

“托你的福。”我狡黠地笑着。

“该庆祝下，以前酒吧里的朋友们都转投到一个新的酒吧工作了，我们去看看吧。”

“好。”

这些日子我看着夏琳一天天变得快乐起来，我也觉得无比幸福，没有什么比看着自己喜欢的人快乐更让人开心了。我们走进酒吧，和以前认识的朋友打招呼，花上大价钱买一杯鸡尾，跟着节奏甩动手臂。

夏琳突然要给我个惊喜，我推托不掉，只好答应。然后她走上舞台，像以前那样唱歌，一切仿佛都没有改变，或者说聪明的夏琳把这些年的磨难，恰如其分地藏了起来。

“接下来我要给我的朋友唱一首歌，感谢他一直在我身边不离不弃，祝愿他以后的生活更加精彩。”她向着我的座位微笑，倾国倾城。

我记得最后的那句歌词，仿佛是完美的韵脚。所有人都沉浸在音乐中，这个夜晚属于她。

I know some have fallen on stony ground，but love is all around.

我知道有些东西已经消失在无情的土地上，但爱就在你的周围。

我们离开的时候，夏琳和以前在一起工作过的朋友们一一告别，祝愿他们能有个美好的未来。大家笑着祝福我和夏琳时，我尴尬地挠了挠脑袋，而她则是笑侃道：“多关心关心你们自己吧，哈哈，再见。”

“稍等。请问你是不是夏琳？”我们刚出酒吧就被一个戴着墨镜的胖男人叫住。

“哪位？”夏琳似乎不认识他，打量了一番。

“我是星探，能不能借一步说话？”那个男人看了看我，示意我先回避一下。

“我先去车站，你们慢慢谈。”

没想到那个怪异的男人还真是星探，资料装备齐全，专门来酒吧物色新人的，我就知道夏琳的能力，从来没有怀疑过。

“青田，你看怎么办？”夏琳拿着一个选秀赛的海报和表格，有点不知所措。

“去试下吧，我们都要忠于理想嘛。”

“嗯……去看看吧。”

我高兴得忘形，幻想着夏琳的未来，她会过关斩将没有悬念地拿下冠军，然后出唱片拿合约，如果一切顺利的话她还有可能走得更远，到时候我可以骄傲地指着她的专辑对老板说：“她是我的朋友。”然后在一片羡慕的眼光中大摇大摆地回家倾听。

夏琳卷起海报砸了一下我的脑袋说：“臭小子，你那么兴奋干吗？”

你看，生命是一条多么百转千回的道路。不久前我们还觉得自己懦弱地苟且于世，在伤春悲秋中感叹烟花易冷人事易分，可是转眼间又是一个转机浮现在我们的面前，在选秀节目泛滥的2007年，这确实是条出人头地的捷径。

青野格外努力地学习着英文，把落下的课程都补上了，我早说过这个孩子天赋异禀。等过完这个秋天他就要去他向往的大不列颠及北爱尔兰联合王国留学了。夏琳每天都在练声房，我有空的时候也会去陪她练习，我对她太有信心了。我自己也有了新的朋友圈子，大学生活不再枯燥，我的身边多了一个可以无限迁就我，甚至可以做我垃圾桶的女孩子。

妈妈电话里笑着问我是不是有女朋友了，怎么忙到连家都不回啦。我慌张地解释，她却说："大学了，是该有个女朋友了，我们家青田长大了。"

青野顺利地拿到了签证，那天晚上是我记忆里为数不多的清晰画面，妈妈有些不舍，但还是苦口婆心地告诉他应该怎么样，爸爸觉得她太婆妈，拿起酒杯就说，干了，不许留一滴。青野犹豫了一下，不过还是拿起了酒杯，有时候男人间的感情就是一杯酒。

晚上睡觉的时候青野悄悄地爬到我的床上，像小时候那样，即使当时的生活没有如今的富足，但是快乐未必少。

"哥，别装了，我知道你是睡不着的。"他调皮地拍了拍我的后背。

"嗯，以前总觉得你添乱，可你这一走什么时候才能回来呢？"

"哥你知道我为什么决定顺从爸妈的意思吗？"

"当然知道，他们给你指的是一条明路，没必要反抗。"

"哥啊，你怎么还是那么迟钝？我在外面混的日子里认识了不少兄弟，当初真觉得他们够意思，什么事都想着我，有烟抽有酒喝有美女陪，可是后来才知道这些都是在利用我，遇到事情了哪儿还顾得上什么兄弟，都各自逃命了。"

"那你学到了什么呢？除了泡吧打架。"

"我没学到什么，但我看清了我的未来。如果我继续这么下去，我可能会像那个老大一样风流一时，但是世界上到处都有比你更强大的人，我总有一天也会被砍手指，甚至是被杀掉。书上教的东西远没有经历过的深刻，该为自己的未来打算了。"

"真高兴我的弟弟长大了。"我拥抱了青野，他的锁骨轻轻地撞在了我的胸膛上，有一点点疼。

"哥，睡觉吧，有时间的话去看看那几只小猫，还有我没办法见证夏琳如何成为一个明星了，她或许需要一个平凡人去疼惜她，而不是像我这样浑浑噩噩的人。没有人比你更适合她了，晚安。”

青野爬回自己的床，掀开被子钻了进去，背对着我，不再说一句话。我猜想他一定是哭了，这么多年来我都能准确地分辨出他急促的呼吸到底意味着什么，以前他还可能轻声说：“哥，我不行了，快给我张纸巾。”但是今天没有，我无法体会离别的伤感，更无法了解忍痛割爱的壮烈。

翌日清晨，青野笑着对我说：“走了，别送了，哥你多安慰安慰妈妈。”然后他消瘦的背影和臃肿的旅行箱一起消失在了机场大厅。妈妈哭成了泪人，爸爸发来短信说：“该让他闯一闯了。”

其实关于青野的故事到这里已经全部结束了，他选择了一个很酷的方式退场，就连弃权都这么潇洒。

萧婷在和我吃饭的时候说：“要是你有你弟弟十分之一的天分，何愁追不到那个夏琳，况且看得出你们情投意合的，只是你太在意两个人的差异了，这一点我比你好多了，如果你乐意我现在就可以倒追你，哈哈。”

米饭卡在了我的喉咙口，上不能吐，下不能咽，呛得直咳嗽。我说：“你是不是开玩笑啊，非要在我吃饭的时候说这事。”

“这都被你发现了，我就是在开玩笑啊，嘿嘿，吃完饭早点休息吧，明天夏琳就要去海选了，你一定不能迟到哦！”那是我第一次认真地看萧婷的脸，其实还挺漂亮的。

当我背着吉他和夏琳赶到海选地点的时候，那里已经是人山人海，简易的露天舞台周围挤满了人，尽管离比赛开始还有三个小时，但是听说很多人都是拿着乐器买了面包天没亮就坐在路边练习了。

“都是疯子啊……”有些人已经开始抱怨了。

“到底是大城市啊，这么多追梦的孩子，亲爱的尽力就行了，我去给你买吃的。”我把吉他挂在了夏琳的身上。

“嗯，注意安全。”

虽然已经是秋天了，但是一到中午还是酷热难耐，评委姗姗来迟，不可避免地耍大牌，说了一大堆有的没的，不过好在比赛还是开始了，选手按照各自的号码牌依次登场。

那天在酒吧门口叫住夏琳的胖男人好像就在评委席，我有点惊讶，照理说一个有身份的人很少会去那种是非之地。他们的言辞很犀利，把很多热爱音乐的孩子骂哭了，说他们编写的曲子是狗屎。

我和夏琳正好排到选手下台的出口，一些晋级的选手风光地在掌声中离开，手里拿着过关的金卡，十分刺眼。而那些跌倒的孩子低着头，不过吉他和对音乐的热情还被他们紧紧捏在手中，只有少部分人说：“唉算了吧，不适合。”

仿佛一切都是为了夏琳的出现而埋下的伏笔，她说：“青田，我要出场了。”我和她击掌，然后退到舞台下，我要见证夏琳是怎样一步步地成功。

一切都不出所料，夏琳走上舞台的时候评委就开始窃窃私语了，我知道他们是被夏琳的气场给震撼到了。那个胖男人甚至已经悄悄地拿出了过关金卡。

实力证明了一切，夏琳弹起前奏的时候就吸引了所有人的目光，就连过路的行人也驻足观望。

夏琳那天毫无悬念地过了关，评委们惊叹如此美妙的声音，纷纷起立鼓掌，人群掌声雷动，赢得太漂亮了。但是我开始惶恐，我害怕从此失去夏琳，突然有种相隔千里的感觉，我被人群淹没，而夏琳则是光鲜亮丽，她的未来从此扬帆，而我也许只是那个暂时停泊的港口。

那个胖男人给她颁发金卡的时候悄悄地和夏琳说了什么，她尴尬地笑了笑，客套而且虚伪，像以前在酒吧里卖唱时面对口无遮拦的客人一样，毫无疑问，夏琳是聪明的，拥有智慧的女人都懂得恃宠而骄，让男人时刻对自己保持新鲜感以获取最大利益。

我该高兴还是遗憾呢？

“那个评委和你说什么了？”我还是止不住心中的疑问。

“噢，他啊。他说早知道我有这实力了，关于具体的比赛流程想约我出去谈。”

“什么嘛，电话里完全可以搞定，为什么要出去？”

“青田，我知道你担心我，但我会凭实力说话的，你懂我意思的。”

她和我在等公交车的时候手机响了，她皱了皱眉说：“对不起青田，我得先打车回家，你到家记得联系我。”我还没来得及和她告别，夏琳就坐上了出租车，我有些失落，完全没有意料之中的狂喜。

我给萧婷发短信，告诉她夏琳晋级了，但是我好怕失去她。萧婷立刻给我回了短信，她说：“你在哪儿？我去找你。”

真庆幸我还有萧婷，如果我没记错的话，在她的手机里，我拥有专属铃声。

后来的很长一段时间我和夏琳都不再联系，我给她打电话，不是按掉就是关机，我有点任性地把她的号码删除了，反正我背得出她的号码，只是宣泄一下心中的不满，以前我们耍脾气的时候对方都会说：“你赢了，我认输好不好？”

结局总是和好如初的，但是这一次不一样了，现在的夏琳是属于舞台的，只有萧婷一直陪在我身边，不离不弃。全国总决赛的那天我狠下心关了电视机，我说：“萧婷，我想和你出去散步。”

她看出了我魂不守舍，问我：“找一家有直播的酒吧去看吧，别委屈了自己。”

我没出息地点了点头。

在这个爱与被爱的世界里，忘记一个人谈何容易，她一直潜伏在你心底柔软的角落里，你任性地以为自己离开谁都可以活得很潇洒，而事实上你错了，她早已经在你的生命里扎根，遍布了你所有的记忆和神经。

那天晚上我没等到结果就醉了，吐得很惨。恍惚中看见人群的欢呼，萧婷拍着我的后背说："青田青田，好些了没？"等我稍微清醒过来她告诉我，夏琳拿了季军，奖金五万块，我笑出了声，抬头看着萧婷，差点把她当成了以前的夏琳。

我心里想，原来自己就他妈的值五万块。

我把自己关在寝室里，就连周末也不放过自己，妈妈让我赶快回家，家里出了点事，我说我下周要考试，妈妈有点生气地说，真的出事了。

我一脸不爽地推开门，却看见爸爸在抽泣，这是我第一次看见这个倔强的男人哭，像个小孩一样，妈妈曾说当初他被钢铁砸断了腿也咬牙忍了下来。只抽了半根的烟凌乱地被丢弃在桌子上，爸爸见我回来了，哭得更凶。我突然间不知所措，赶紧放下书包过去帮妈妈扶着他。

"怎么回事？"

"你爸爸的前妻走了，肺癌晚期………"

"爸，别难过了，你又不欠她什么。"我冷冷地说。

"别添乱，快回房间。"我被妈妈推进房。

我听妈妈说，她认识爸爸以来只看见他哭过三次。我和青野分别诞生的那天，爸爸默默地在产房外面流泪，还有今天，那个阿姨的死讯传来的时候。

妈妈和我叹苦经，有意无意地说道："那个阿姨其实你和青野都应该见过……"

我想起了很多年前的一幕，在我心底烙下了深刻的痕迹。原来世界上最聪明的女人不是居里夫人，而是我的妈妈——她早就知道了一切。

我至今都认为爸爸是爱着那个阿姨的，尽管陪伴一生的人不是彼此，但好歹他们曾经爱过，其实这已经足够了。我想起了自己和夏琳，我犹豫了一下还是给她发了短信，我说："亲爱的抱歉，原谅我的鲁莽。"

她回了我的短信，不过内容阴森得可怕。她说：“滚，就让我一个人自生自灭好了。”

五、尾声

我想你们早已经猜到了故事的始末，没错，夏琳真的是我同父异母的姐姐，我们身上流淌的血液至少有一半是完全相同的。这本就是一个拙劣的故事，只是我们孜孜不倦地演了下去，最后才看到了无法挽回的破绽。

葬礼上我们面面相觑，我是慌张，夏琳是淡定。我终于知道了为什么她要如此冷落我，原来只是为了在殡仪馆里的重逢不要显得那么吃惊。

“琳琳，爸对不起你……”爸爸走到夏琳面前，显得很尴尬。

“叔叔，没关系的，我妈妈常和我说起你。”她挤出了微笑，伤人于无形。

那个教我戏剧的老师认出了我，他说：“夏青田啊，几年没见了，长这么高哦。你说人生如戏吧，世界太小了。”

诚然，就像美剧《成长的烦恼》里迈克的导师索恩教授说的那样，世界就是舞台，我们在不同的时间里扮演不同的角色。

我看见了那个阿姨，被化疗折磨得没有一丝血色。她不再年轻，即使是那双浓烈的红色高跟鞋也不见了。在虚伪的哀悼声和眼泪中她谢幕了。人生苦短，忘了吧，忘了爱，忘了恨，活得也就更轻松一些，何必再纠缠不休。

背负着爱恨情仇或者未免太辛苦，但是每个人都无法自拔地沉浸于此，等到最后才发现一切都是徒劳，人生就是一个圆，再美丽的风景都是虚像，眼睛是世界上最会欺骗人的东西。

十二月二十二日，夏琳的生日，北半球的冬至日，太阳离地球最远的一天，上帝在哭泣。

我合上书本的时候已经是凌晨一点了，真糟糕，一点都没有看进去。我拿出手机的时候恰好收到一条短信，熟悉的134号码，毫无疑问，是夏琳。

“青田，我不行了。”

我没来得及向妈妈解释，撑起伞就跑了出去。今天的雨太大，伞柄应声而断。大街上空空如也，积水漫过小腿，红绿灯在微弱地闪烁。

我奔向夏琳的住处，她的房子租在Cats的附近，她总说想守着这份记忆，而如今那里的弄堂早已经拆迁，酒吧查封后被改造成了火锅店，厚厚的玻璃板常常积满了水汽，再也看不清里面的人到底是何表情。

夏琳湿透了，虚弱地躺在地上，手机被甩出了几米远。我想她是发烧了，我起身要去买退热片，她却一把拉住我，发出微弱的声音。

“青田，别走，我要和你说话……”

“不走，我听着。”

“我想我可能是爱上你了，但是我也犯下了你无法容忍的错。”

“你发烧了，别说了。”我把她扶起来，她却有些恼羞成怒地甩开我的搀扶。

“我比任何时候都清醒，我厌倦了颠沛流离，我想过安定的生活，当我遇到你的时候就感觉到了，我承认我也喜欢着青野，喜欢他邪气的笑容，喜欢他天使般的心灵，可我想要的是你，夏青田。”

“我……”我被夏琳突如其来的话吓到了。

“你不必说话。我知道我配不上你。我妈妈那时候已经查出肺癌晚期了，可我不想告诉你，所以才冷落你那么久，后来我有找过你，却发现你的身边多了一个女生。”

“你猜得没错，那个胖男人果然不是好人，他知道我妈妈看病需要钱，告诉我只要跟了他，就能让我拿到奖金。我怕你知道我需要钱会不顾一切地筹，所以……”她湿润的头发和着眼泪一起流下。

“所以什么？”我愤怒地摇着夏琳的肩膀。

“所以我跟了他，他也兑现了诺言让我拿到了季军，当我把钱给妈妈的时候难过地哭了，我不是在可怜自己，我是觉得对不起你。”

我的大脑一片空白。

夏琳看着我的眼睛，和第一次见面的时候一样灼热，我的心无法平静下来，我原本想转身离开，但是夏琳冲过来抱住了我。

“青田，忘记它。我们在一起吧。”她的眼睛那么诚恳，几乎让我忘记了妈妈的忠告，越是漂亮的女人越是可怕。

眼前的夏琳赤裸着身体，完美的曲线在闪电的光芒中隐约可见，急促的呼吸漫过了雨声。我再也无法坚挺起来，她是我最爱的女人，可也是我的姐姐，她做了我最无法原谅的事情，就算再心痛我也不可以眷恋。

我穿起衣服狼狈地夺路而逃，夏琳尖叫着对我说：“懦夫，浑蛋，你他妈的今天敢走，就再也别来见我了。”我无助地停在门口。

“滚啊，干吗不滚出我的世界？”她用自己的内衣扔我。

关上门的那一刻我感受到了夏琳的眼泪，世界仿佛残忍地被分割开，从此我在这边，你在那头。我也哭了，和着冬天冰冷的雨水，重重地摔在水坑里，狼狈不堪。

爸爸妈妈撑着伞在外面找我，看见我跌跌撞撞地在大雨中奔跑的时候冲了过来，什么也没问就把伞撑在了我的头顶。我洗完澡倒在被窝里看到27个从家里打来的未接来电，泪腺再一次崩溃。

或许我们都太着急了，如果再给我一点时间去冷静的话，一切是不是就不一样了。可惜生活没有假如，我也不够宽容，我总是祈求时间为我停留，可我却没有给时间一点时间。

我和夏琳再也没有见面，我们的故事始于意外，毁于荒诞。

一个平凡午后，妈妈接到一个电话，我在隔壁房间里听见了她激动地说："老公，接电话啊，好消息。"

"啊，琳琳啊。"爸爸拿起分机，我不由自主地停下了脚步。

"什么？啊……嗯也对，你不小了，是该找个合适的人了。"

"好好，我会转告青田的……嗯嗯，再见。"

夏琳结婚的那天我没有去，或者说是我不忍心去回忆。听爸爸妈妈说新郎是个不错的人，很值得依靠，而且为人正直事业有成，他们很般配很甜蜜。

真是个好日子，夏琳赶在女性开始衰老前适时地和一个能够给她安定生活的男人走到了一起，我应该祝福她。那一年，她二十三岁。

很长的一段时间里我都会面对着大红色的请帖发呆，我臆想着那个吵闹的晚上新郎在亲友的怂恿下亲吻夏琳，喝交杯酒，然后甜美地醉倒在洞房。

我不觉得难过，因为好在我们都爱过了。红着的眼睛只是被度日如年的煎熬刺疼了，我可没哭。

很多年后，回想起年轻的时候有这么一个人轰轰烈烈地存在于你的青春时，满溢出来的是幸福。爱情亦是如此，不必白头到老，只求刻骨铭心。

美国人Regina Brett在《做人要做这样的功课》里说："人生太短，短到来不及浪费时间去恨任何一个人。"而我也深刻地感觉到，所有的恨都是源自于爱。

后来我实在不忍背负这样的记忆活在这个到处是关于夏琳的城市里，我在电话里告诉青野最近发生的一切，他吃惊地说："哥你真不简单。"我说我拒绝了萧婷，我要去山区支教。他高兴地说："太好了，我可以自豪地和我的朋友说我的哥哥是一个乡村教师。"

青野还是那么喜形于色，他总是支持我的任何决定。

爸爸还是那么固执，只有妈妈过来送我，她执意要帮我提行李，说什么也不肯让给我。我觉得亏欠她，小时候在外面训练奥数的时候也是如此，她替我拿十几本习题陪读，我回答不出老师的问题，只好垂着头，妈妈却在一旁鼓励我说：“没关系的，咱家青田不是计算很好的吗？再试试……”

我还想着萧婷，不知此刻的她是否也登上了异乡的客车。

我随着少数几个青年教师从县城转坐破旧的公交车继续前进，一路上都在激烈地颠簸，手机的信号逐渐消失。沿途几乎都是贴着残缺的山路行驶，稍不留神可能就出意外，我自言自语地说：“真危险呢。”没想到后座那个资格老一些的教师却说：“去年就出过车祸，死不不少人。”把我吓得不轻。

那所学校几乎与世隔绝，我们爬了两个小时崎岖的山路才到达，一路上到处是乱石堆，听说那里的孩子要翻过好几座山才能到学校，早上四点就要起床，为的就是可以读到一本被翻烂的书。

我之前听着就觉得很辛酸，没想到是如此荒凉，那里水资源匮乏，喝不到干净的水，我失落地抱怨，哪里有青山绿水，全都是扯淡。

学校依山而建，就连操场都是凹凸不平，如坟场一般荒凉。在那里唯一的欣慰就是孩子的眼神，他们渴求知识，在那里的孩子有三件东西是不可或缺的——水、空气和知识。

我接手的班级都是一些父母在外打工的孩子，他们对于城里来的老师十分好奇，我把背包里的铅笔和练习本分发给大家的时候，感觉是庄严的交接。

漏水的办公室，露天的教室，开裂的墙壁，褪了色的毛主席画像，这就是我工作的地方，虽然只逗留了短短十多天，但我还是想把我所学的知识毫无保留地教给孩子，他们拥有知识的资格远超过了挥金如土的富二代。

住宿条件很差，很多天洗不了一次澡，你无法想象那种荒凉，简直可以把你逼疯。每天五点起床，晚上十点才下课。我想给家里打个电话，校长说：“周末你到县城去吧，只有那里才有电话……”

课余的时候我用写日记来打发时间，不知不觉已经过了一周。我给孩子们讲

《三国》，说《西游记》，还有抗日战争。当然还会提起我的弟弟和夏琳，他们听得入神，有个学生举手问我最后和那个姐姐有没有在一起，很认真的样子。我笑着说："那个姐姐不久前结婚了，新郎不是我。"

孩子们和我刚懂事的时候年纪相仿，正是懵懂的时候，我的故事或许他们只能听个大概，并不懂其中的辛酸。不过我希望他们可以永远不要被掺杂着欲望和金钱的世界污染，这才是我此行的最大意义。

下课的时候刚才那个提问的孩子找到了我，他朝我傻笑，鼻涕挂在黝黑的脸上。

"夏老师，你真好，送我们铅笔还有本子。"他的声音比想象中的更沙哑，这里的每个孩子都看起来那么让人心疼。

"嗯，应该的。"我摸了摸孩子的脑袋。

"你讲的三国故事我真喜欢，以前那个老师也讲过，可是他讲到三顾茅庐的时候就回去了，我们好想知道后来发生的事……"

"好……老师会全部讲给你们听的。"

我的心脏像被什么冲击着，突然想留在那里，荒凉之所以荒凉是因为无人愿意扎根和开垦，我再也无法拒绝夜晚迷人的星光和孩子渴望的眼神，我和当初青野面对小猫时的震撼一定相同。

我向校长请了半天假，和同行的一个青年教师一起去了县城。校长是个淳朴的男人，留着板寸头，他见我们想请假，犹豫了一下，不过最终还是答应了。

其实我知道他的难处，他一定是觉得我们只是为了履历而来，时间一到就会走人。可是他没想到我打电话是为了和父母商量长期待下去的打算。

妈妈依然支持我，嘘寒问暖地关心，告诉我有假期一定要回家看看。我有点想哭，以前热闹的家现在只有年过半百的父母朝夕相伴了。

可能这就是生活吧，其实四个字就可以将它全部囊括——聚散离合。你无法预知下一次的离别是在什么时候，也不知道激动人心的重逢以怎样的形式出现在你的眼前。

我和往常一样在周末的时候去一次县城，手机震动了一下，我看到了萧婷的短信。她说：“我不去实习了，很快会出现在你的面前。”

我就知道是爸妈“出卖”了我，我打电话回去“兴师问罪”。

“妈，你真是的，想气死我呀？”我像孩子一样和妈妈闹。

“我们家青田在说什么呀，我怎么不知道哦。”

“妈，你还装糊涂，萧婷怎么会过来的？一定是你们搞鬼。”

“哈哈，难得有个女孩子这么痴心，人家都找到我们家里来啦，哈哈，见好就收啦！我和你爸爸都挺喜欢这孩子的。”妈妈取笑我，然后感慨我们都长大了。

我有点哭笑不得，但是心里又感觉十分甜蜜，我叮嘱爸妈注意身体，我会在假期回家。然后我回到学校，安静地等待着我的幸福靠近。

校长惊讶地看着我们，像是失而复得的样子，他皲裂的手抓住了我的肩膀，眼里闪着泪光。

第二天中午的时候我看见一个熟悉的身影走进了教室，萧婷依然让人感觉那么笃定，只是憔悴了一些，还有皮肤变黑了。

她一眼认出了我，跑过来与我拥抱，这一次我没有犹豫，紧紧地将她拥入怀中。学生们狡猾地拍手，有的还哼起了《结婚进行曲》，真是一帮小恶魔。

“看我怎么收拾你们这几个坏蛋？！”我回过头给他们做了个鬼脸。

后来一个孩子问我说：“夏老师，这个姐姐是不是你说的夏琳姐姐呀？”

我温柔地看着他，摇了摇头，然后对着我身边的萧婷说：“她不是夏琳姐姐，她是我的女朋友，叫萧婷。”我说这话的时候，我的女朋友已经感动得泪流满面了。

然后孩子们欢呼了起来，校长和几个老教师也在班级门口温柔地看着我们。没有夸张的誓言和浪漫的气氛，但是这一次，我牢牢地抓住了幸福。

我的朋友，感谢你们听完我拙劣的阐述以及陪伴我度过的这些岁月，其实我想告诉那些与我有着相同经历的人不要为了错过而沮丧，值得你等待的人往往在故事的最后才出现。记得，能够和她牵手的时候，永远不要选择并肩走。

PART 5　家人，你是我最长久的陪伴

我想许你最长久的陪伴 文/乱了夏天

无论走多远，你一直都是我归来的方向。

一

前几日，正好趁着假期发了几天传单。我在公园捧着传单转悠的时候遇见了一对父女，小女孩穿着粉嫩嫩的裙子骑着儿童车，两条小腿飞快地蹬着，在太阳下疾驰而过。

而她年轻的父亲，拿着一把扇子，跟在车子旁边跑，父亲手中的扇子一下都没有离开过女儿的后背。

正是炎夏，父亲额上的汗水细密地从脸上滑过，他没有停下脚步擦汗，一直快跑着跟在女儿的车旁。

父女俩兴奋地尖叫着从我身边经过，我顺手递过一张传单，那位父亲只快速地点头接过。

他手中未停的扇子，以及一刻不停追赶着女儿的脚步感动了我。

我转身看了他们好久，久到他们的尖叫声已经模糊不清。

久到直到几天后，这幅画面依然清晰如昨日。

我发的是有关房子的传单，而我发现，来向我询问关于房子的事宜的人几乎都是老人。

他们向我说的第一句话都是："儿子（女儿）要买房。"

你看，直到他们白发苍苍，最放心不下的依旧是那个喊他们爸妈的人。

都说陪伴是最长久的告白，这世上每一对被证书捆绑在一起的年轻男女，都为了那个小小的传承了他们血液的孩子甘愿奉献一生。

他们所有人都和你一样。

二

儿时的我，抵抗力差，几乎天气一凉就要生病，于是各种药便汹涌而来。你捧着装了中药的保温桶匆匆赶到学校的那个清晨。

无论过去多少年，我都依然记得。

小的时候，我最怕你，也最不怕你，怕的是你的眼泪，不怕的是你手上的板尺。

每次我做错了什么事，你都是劈头便给我一顿打，打完之后又是一通含泪的教导。

那句"打完一巴掌又给一颗枣"的精神被你诠释得淋漓尽致。

记得小的时候总是喜欢放学后不回家，只知道拖延时间在外面玩耍。终于某一天，你在放学路上找到了我，一路紧紧地拽着我的手腕带我回家，走到家楼下的时候，你不知从哪里找来了一根竹竿。

进门还没等到我脱鞋，那根竹竿就挥下来了。

可我倔强到只是哭，没有一句道歉。

那时一点都不懂，你放下竹竿后，眼里涌出的泪。

当天晚上我没有吃饭，躲在被子里哭，只觉得满心委屈，却不懂得你在家等待的心情。

因为我们太像了，那一个模子里刻出来的脾气，就从来不知道"示弱"二字怎么写。

生气的时候用尽全身力气去和对方交战，等到气消了的时候，却又无限懊恼自己曾说过的那些伤人的话。

我们是母女，有时候却又像敌人。

我们互相爱着，有时候却又互相伤害。

那个时候无法理解你对我的教育。

也许每一个孩子，在他们还是孩子的时候都无法理解吧。

他们无法理解父母的严厉，无法理解父母的训斥，他们最没有办法理解的就是父母的爱。

无法理解你们那样笨拙而又不擅表达的爱。

三

昨天帮你梳头，恍惚间突然发现你的黑发中开始若隐若现地有了白发。

那一刻的心情怎么形容呢？

就像突然吃了一颗黄连，堵在喉咙咽不下去。

时间就这样在不知不觉中，偷走了你的眼神、你的黑发、你的牙齿。

甚至有一天它会夺走你的健康。

岁月那样长。

所以我希望它在你的身体里走得慢一点，再慢一点。

人们总是要到失去的时候才知道什么最珍贵。而我总是要在很多年后，才恍然发现，许再多承诺，给再多补偿，都不及那六个字对你来得重要，可是啊，我恰恰从没有对你说过——

“对不起”和“我爱你”。

如今的我已经一脚踏进了社会，开始准备离家千里。从小我就盼望长大，总觉得挣脱你们的怀抱就是自由，而现在委屈了，累了，却又开始盼望回家。

因为我知道啊，在这万家灯火中，永远有一盏是为我而亮。

在这万千个等待的人中，永远有你站在那里。

因为无论走多远，你一直都是我归来的方向。

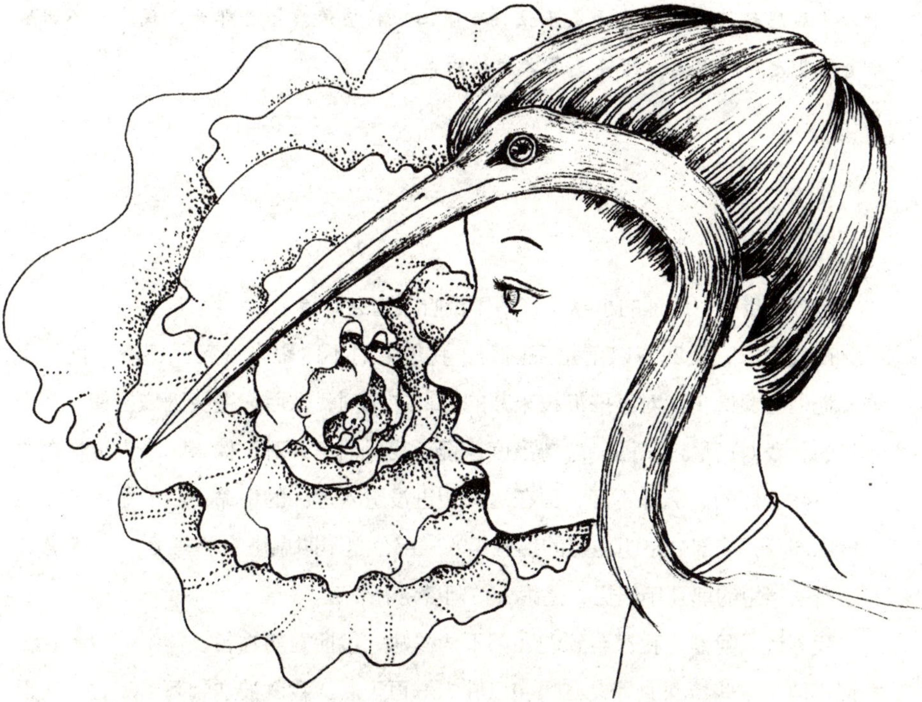

花事了 文/忘小川

十六年后想起阿婆，我终于忍不住掉下眼泪。我总是想知道那天，我头也不回地跟着爸爸走掉的那天，阿婆是怎么度过的。

崽崽是我四岁以前的小名，好多年没听人这么叫我了。

在我们家，我四岁以前是空白的。我总会时不时跟人说起我四岁以前的事情，他们会惊讶于我对某些细枝末节的记忆之深刻，然后称赞我脑袋好使。其实不是的，我对记忆这东西，总持高度怀疑。我只相信，对一件事一个人记忆深不深，不在于你的记忆好不好，只在这一切进没进入过你的生命。我的生命其实被分成两部分，一部分是叫崽崽的那些年，一部分是不叫崽崽的那些年。

有关崽崽的那几年记忆，是跟一位阿婆绑在一起。

我不认识阿婆，我甚至到现在都不认得她，包括她的姓名、年纪、容貌，一概记不清。一些特殊原因，在喝完母乳的一百天后，我就被送到阿婆家，一切没商量。我的妈妈告诉我，阿婆跟我们家没任何亲戚关系。一开始我只点点头，后来每想起这句话，心就发酸。那是个怎样的年代啊，阿婆其实可以不接受我。

在我的记忆里，阿婆的屋子终日不见阳光，陈设简陋，只记得有三样东西：一张床、一张桌、一尊佛像。所有的光源，好像都来自那些蜡烛。阿婆的床不大，外头罩着青色蚊帐，里边一头放睡枕，一头搁着台小型的黑白电视。我常去摸它凸起的屏幕。阿婆沉默寡言，不爱说话，这台电视教我说了很多话。妈妈说，我会用电视里的话顶撞阿婆，惹她生气。她脾气不好，我又调皮，发怒的时候，她就把电视关了，不让我看《新白娘子传奇》。她知道我最喜欢白娘娘了。我的普通话，全是白娘娘教的。她把电视关了，我就知道她生气了，也不敢去开。阿婆告诉妈妈，每当这种时候，我就木木然坐在床上，直愣愣盯着她看，看得她最后心都化了，气也消了，一软，又把电视开了。阿婆很奇怪，我以为她是不爱看电视的，所以常常一生气就把电视关了，但在那个狭小的床上，阿婆也会和我挤着一起看白娘娘施法，她说："崽崽听话，听话阿婆就给崽崽看电视。"

我不知道阿婆一天做些什么。她腿脚不便，走路很慢，不太出门。老人的生活，常常是朴素又简单的。也许她什么也不做，想着些我永不可能思考的事情。我看她总对着屋里那个发光的女人磕头。妈妈后来告诉我，那是观音。或许见她叩拜的样子有趣，我总在一边学动作，跪下，把头低下去，抬起来又低下去，额头上全是灰。妈妈说，阿婆提起这件事，常常哈哈大笑。我记得阿婆有时见我动作不对，会纠正我。两个人，一老一小，在这个昏暗的屋子里，完成一场沉默又神圣的仪式。阿婆跟我说，要是受了惊吓，就用手指头往地上抹点灰涂耳朵上，她指给我看耳垂的位置。她说这样可以把吓走的魂魄收回来。其实我每次受惊吓，只是木讷地立在那儿，什么也不记得，偶尔几次想起来，阿婆也总赶在我前面。"崽崽不怕呀，崽崽不怕！"说着就往我耳垂上抹灰，一层又一层地抹，抹完，真不那么害怕了。

当有一天我终于能够独立做这件事时，阿婆已经不在身边。我往耳朵上涂着灰，心里念着"阿婆阿婆"，惧意全无。

阿婆吃斋信佛，生活至简清贫，她的饭桌上没有肉。在生命起初的三年里，我就过上了不识肉味的修行生活，终日以榨菜泡饭度日，有时换青菜调剂，吃得毫无怨言。直到现在，我对榨菜泡饭都有种渗入骨髓的亲近，没人知道为什么。在我终于知道肉为何物的很长一段时间里，我曾经无比怨恨阿婆不给我吃肉。我看见同龄的孩子长得白白胖胖，他们小时候有肉吃，他们营养均衡，他们强壮有力，而我则看起来弱不禁风。我怨恨阿婆拿本该买肉的钱去买香火。观音娘娘的香因此从来没断过，而我自从断奶之后就断了很多东西。阿婆对此一直觉得有愧于我。她告诉妈妈，她没把我养好。我怨恨了她很久很久，但在这个世界上，我最没资格怨恨她。

或许因为营养跟不上，那时我常常生病，阿婆就带我去打针。我不去，她就打我屁股，说："崽崽不听话！"我哇哇地哭，现在还记得那种痛。那家诊所像建在云上，要爬很多很多级台阶。阿婆牵着我，一步一级台阶地往上走，走不完似的。我总不耐烦地说："阿婆，到了没呀？"阿婆就气喘吁吁地回我："快啦快啦。"阿婆腿脚慢。那家诊所就一个中年男人，回回都见他在门口晒太阳。我猜想他每次都看得见我和阿婆辛苦爬台阶的样子，但他却像神明一样高高坐在云端，俯瞰众生。打针的情景我不记得了，只记得和阿婆爬楼梯，爬呀爬呀。去看病就是去爬楼梯。

我的爸爸妈妈在我四岁以前的记忆里是不存在的。他们有时来阿婆家看我，阿婆这个时候就很开心，她多数时刻是不开心的。阿婆让我喊爸爸妈妈，我就喊。我见了生人不说话，但因为是阿婆让我喊，我便喊，不敢违逆她。我很听阿婆的话。爸爸妈妈站在旁边，低头看我，对着我笑，我要把头仰起到跟地面平行的位置，才能看到他们的脸。他们总是待一会儿就走，每次都一会儿，匆匆忙忙。有时爸爸单独来，有时他们一起来。我记得有一次爸爸刚走，阿婆脸上的笑容就没了，我以为我做错什么事，或说错什么话，惹她不开心了，又木木然地站在那儿，直愣愣地盯着她看，可是阿婆还是不开心，这次她心没化，气也没消，她问我："崽崽怕不怕阿婆？阿婆打崽崽的时候，怕不怕？"其实我怕，但不知道后来说了什么，可能什么也没说。在潜意识里我只觉得，阿婆又不开心了，但很快就好了。

四岁以前的崽崽认为，他跟阿婆，是会永生永世在一起拜观音、爬楼梯、吃榨菜泡饭的。

我的爸爸将我一把抱起的那天，像毫无预测的地震一样来了。那天我身上仅穿了一件短裤用以遮羞。他将我抱起来，高高地抱了起来。多年以后我总觉得，这是我的爸爸在崽崽和阿婆面前所做过的最粗暴的动作。阿婆都没来得及反抗，我就被抱出了她那间昏暗的屋子。不过，这也许是我想象中的情景，我想象阿婆会反抗。他们可能早就达成协议，三年期满，就将我送回，一切没商量。阿婆一拐一拐地跟出来，她跟了很久很久。爸爸让我说再见，我就回头开心地对远远落在后面的阿婆大喊："阿婆再见！"我第一次感觉她个子矮矮的，人小小的，她手上拿着没送出去的水果，不住地挥手。我想她可能听不见，又喊了几声"阿婆再见"，哈哈大笑，把头转过去了。

我就这样把阿婆的世界转过去了。从此阿婆的世界里没有崽崽，崽崽的世界里没有阿婆。那一刻我怎么能够知道，这一幕可能成为我这辈子所能见到的阿婆的最后情景。

一上火车，我就把阿婆忘了。我把这个养育我三年的无血缘关系的老人抛在脑后。我被火车外的花花世界彻底绑架，那些是阿婆没带我见过的。爸爸后来跟我说，我总对着窗外田里的水牛看，指着它们，咿咿呀呀地叫。车上的人被我逗乐了。爸爸说，我当时还说了好多话，大家都夸我聪明，好多人来亲我、抱我，跟明星似的，我看起来很得意。也许那一刻我真的得意。我就这样沉浸在某种不可名状的虚荣心里。

我哪里知道，阿婆也许此刻正在她终日不见阳光的昏暗屋子里掉眼泪。

我常恨人多情，多情有什么好，自古多情空余恨。如今我多希望，在和阿婆分离的那一刻，老天借崽崽几分钟，让他知道情为何物。我多希望崽崽能哭着喊一声"阿婆再见"，好让阿婆知道，崽崽也舍不得她。

在我后来的回忆里，我和阿婆的这三年，好像不过做了几件事。阿婆一定记得崽崽很多事，但崽崽只记得阿婆这些事，真的只记得这些，它似乎少得都不足以拿出来说。如果可以，我真想多杜撰一些崽崽和阿婆的事，让这三年的记忆，看起来比我的一生都精彩漫长。我不仅没法杜撰故事，甚至没法描绘她的样子。即使有天在人群相遇，我都不知道是哪位老人曾经救过崽崽的命。

四岁以后，没人喊我崽崽了。从我不叫崽崽的那一刻起，崽崽渐渐就和阿婆远离。在我的整个童年、少年时代，阿婆轻如微尘，我几乎没想起过她。受惊吓后往耳朵上涂灰，我心里所念的"阿婆阿婆"，不过出于本能，它仿佛成为一道定心咒。

崽崽和阿婆的记忆，成为我浩瀚生命里一段不再被提及的历史，一段沾着灰烬的久远的梦。十六年后想起阿婆，我终于忍不住掉下眼泪。我总是想知道那天，我头也不回地跟着爸爸走掉的那天，阿婆是怎么度过的。那个晚上，阿婆将不再听见崽崽推醒她说要起来上厕所的声音，因为崽崽有了新家，有了新的卫生间，不需要夜壶了；第二天起来，阿婆也只能一个人对着黑白电视看白娘娘施法，因为崽崽有更大的彩色电视看，他能看见更美的白娘娘；阿婆不再有机会打崽崽屁股，因为崽崽的屁股要交给别人打；阿婆也不能牵着他爬那些永远爬不完的台阶，因为崽崽要爬新的台阶，是由爸爸妈妈牵着的。

阿婆和世上所有的老人一样寂寞。我相信崽崽走了以后，她比世上任何一个老人都更寂寞。

最近我常梦见阿婆。她说："崽崽怕不怕阿婆？崽崽别怕阿婆，阿婆想崽崽了。"

你的名字叫疼 文/莫诺

不知道在天堂的姐姐，你瘦了些没有呢？

一

姐姐去世后的很长一段时日，母亲依然习惯摆四双筷子放在饭桌上。可是有一双筷子，永久地失去了拿起它的主人。每次看到没人动的一双筷子，那顿饭必然吃得压抑、沉默而难以下咽。

我总是扒两口饭，就立刻逃离现场，回我自己的房间。起先的一个星期，我回房间后，想到姐姐，都会忍不住掉眼泪。但是后来，我学会了沉默，深若无底的沉默。

那段时间，乌云笼罩着整个家庭好长好长时日，我的身子和心都是空的。很长一段时间，我在梦里总能听见她的呼唤：“笨笨，吃饭了。”“笨笨，带东西回来给你吃了。”她喜欢叫我笨笨，因为我总喊她胖子。

姐姐上高中后，开始变得有些丰腴，但谈不上胖。可以说，只有她的脸是圆圆的，身材平常，不胖也不瘦。但就是这胖胖的脸，让我忍不住上去捏两把，然后取笑她说：“胖胖，你又肥了。”她就会厌恶地一脚踢过来：“滚！死矮子。”

除了“笨笨”这个名号，她还叫我“矮子”。其实我也并不矮，有一米七二了。但她还是以高富帅的标准要求我，觉得我矮。

姐姐工作后，住在家里。我周末从大学回来，总是会在照镜子弄发型时，对着镜子里的自己异常自恋地说：“哎，你怎么可以这么帅？”或者恬不知耻地回过头问她：“喂，胖子，你说我是不是又变帅了，是不是又变帅了？”

她有时会捏着下巴玩味似的上下打量我一圈，然后回：“嗯……不错，是挺帅的，就是矮了点。”或者会回：“你怎么这么不要脸，滚开。”有时又会回：“快，快，快拿脸盆过来，我要吐！”

更多时候她会反问我：“你要我说真话还是假话？”

我会立刻就回：“假话。”

她就会不假思索地，摆出一副花痴样说：“帅！超帅！真是帅惨了！”我有时会翘起兰花指，娘到不行地回她：“你讨厌！”有时会心满意足地答她：“够了，这就够了。”

有时又会笑着怒不可遏：“你去死！”然后灰溜溜地逃离现场，紧接着就去残害我妈，问她我帅不帅……

但让我没想到的是：从小到大，“你去死”“你怎么不去死”这些我们开了不下百遍的玩笑话，如今果真成为现实了。为什么一想到这儿，我的泪就忍不住要掉下来？

我承认，那段时间，我变得好懦弱好懦弱，完全不像一个男子汉。

二

姐姐出生后不到两年，妈妈又生下了我。听说生我时，计划生育查得非常严，因为我，家里还被罚了好几千块钱。长大后，姐姐听说这事时，总会摆出一脸嫌弃样说：“败家子！刚出生就是败家子！”

每每此时，我会扬扬得意地伸舌头气她：“那是因为我金贵！不像你，有句话说得好，女孩是棵草，男孩是个宝。”

我没想到，就是因为这句话，姐姐难受了很长一段时间，对老爸老妈不冷不热，对我就更不用说了。每次，我死脸地逗她时，她都会没来由地冷冷地说：“死开！”我锲而不舍地去捏她的脸，她就猛地将我的手打开：“叫你死开没听懂吗？”

我火也上来了：“什么啊，死胖子，臭脾气，谁招你惹你了！”她上来就要扬手打我，我就和她掐起来。妈妈从外屋进来，连忙把我们扯开。我一见妈妈进来，就连忙哭出来。我也不知道，当时怎么可以说哭就哭。也许，这就是为什么后来我可以顺理成章地考进播表专业的缘故吧。

妈妈进屋后，看到我哭了，就把我搂进怀里，对姐姐发脾气：“都这么大了，还打架！你是姐姐，就该让着点弟弟嘛！真不知道你怎么做姐姐的。”

我趴在妈妈怀里边哭，边偷偷望着姐姐露出得意的笑。

我看到姐姐当时眼睛红了，瞪着我，嘴唇气得发抖。妈妈搂着我气愤地离开房间之后，我听见姐姐猛地关上门的瞬间，爆发出了一句：“你怎么不去死啊？！”

那时，姐姐初二。一年之间，她的身高已经蹿出我一个头多了。

我想，那时在她关上门的瞬间，眼泪肯定不争气大颗大颗地掉下来了吧。

三

我记得，在更小一些的时候，我和姐姐在同一个小学念书，我念四年级，她念六年级。因为我体格瘦弱，一直被同学欺负。

有一天，我又被一群高年级同学堵在了放学路上，找我要钱。我说没钱。他们就把我逼到角落，搜我的身。我完全没有抵抗的能力，只能任由他们摆布。搜到后来，他们又将我书包里的东西倒出来，课本、作业本倒得满地都是。然后又来了两个人将我按住，我虽然愤怒至极，但是一点力气也没有。他们见书包里没有钱，就又来搜我的身，搜到后来竟然将我的裤子也脱了。我觉得耻辱至极，发了疯似的发力和他们拼了。但是很快，我连他们的皮毛都没碰到，就被那一群高年级的坏学生按倒在地，并扇了我两巴掌，还骂骂咧咧地说了几句脏话，最后还警告我，明天带五块钱的“保护费”给他们，不然见我一次打一次。

那时，我每天的零花钱也就两块钱，叫我到哪儿去找五块钱给他们。我又怕被打，被逼无奈下，我只能在家里翻箱倒柜到处找爸爸妈妈的钱。刚刚找到，要抽出灰色的五块大票子时，姐姐就回来了。我窘迫至极，一把把钱藏在身后。姐姐眼尖，瞥见了我捏在手心的钞票的一角，于是理所当然地逼问我为什么偷妈妈的钱。我撒谎说要买练习册，她说：“买练习册你跟妈妈直接讲就是了，干吗偷？”我圆谎：“用得急。妈妈还没回来嘛。”她又继续拆穿我：“你买两个练习册也就五毛钱，干吗拿这么多钱？！”她见我没话说了，就开始威胁我：“说！你不说我就告诉爸爸，叫爸爸把你死抽一顿。”

没办法，我只有一五一十地交代了。姐姐又叫我描述一下那群人的特征。我说完后，她狡黠一笑，命令我快写作业，然后就走了。

于是，第二天，当我一个人走出校门口不久后，他们那群人就围了上来。这时候，姐姐就登场了。姐姐拨开两个人，气定神闲地走到我身边，鄙视地扫了那群人一圈，然后指着其中一个瘦高个说：“李豪，你还想不想追我们班的曾清了。这可是我亲弟弟，你竟然敢打他主意。我看你是吃了豹子胆吧。”然后她又将手指向瘦高个旁边的胖子，说：“张胖子，你如果不想被你们班主任杨老师罚站写检讨的话，就赶紧给我死开！”随后她又挨个儿，将他们指了一圈，厉颜厉色地说：“如果你们这群人，不想在下个星期一的晨会上，被黄主任拎到主席台上丢人现眼，赶紧给我滚蛋！”

随后，这群人就灰溜溜地做兽鸟状散开了。似乎那个叫李豪的瘦高个还向姐姐献媚，说了些好话，具体的我记不太清了。我只记得，那个下午，金黄的阳光照在姐姐左臂上的三道杠，真的很耀眼。还有姐姐领我回家时，她昂首阔步地走在我前面，我乐不可支屁颠屁颠地跟在她身后。我发现，那时连她的长发都很骄傲地飘逸在风里面，真漂亮。

她那样子，简直就像一个打了一场完美胜仗的女战士。

四

那也是姐姐最辉煌的一段时光。在姐姐进入初中之后，就没怎么理会“朝事”了。她仅仅只在班上担任了一个几乎被架空的政治委员的职务。那段时日，正是我们关系很僵的时候。

我不知道是哪里惹到她了，她就是对我很冷淡，甚至到了敌视的地步。有一次，我偷偷翻看她的日记，还没看两页，只看到了“要是他死了该有多好”这里，就被她逮个正着。不可避免地我们又从争吵升级到了大打一架。很不幸的是，那次妈妈不在，我失去了庇佑的堡垒，脸上被她抓出了三条血痕，差点抓到眼睛。我哭哭嚷嚷地将她的衣服、书包扔到地上拼命踩。她就又将我抓起来打一顿，把我从她的房间扫了出来。我就坐在她房间门口哭天抢地，想着等妈妈回来收拾她，最后哭累了，竟然在地板上睡着了。

醒来时，我睡在自己的床上，桌子上放了一张字条，规规矩矩地写着三个字“对不起”，枕头边多了许多我爱吃的零食。顿时，我的气就全消了。我抱着零食，欢天喜地地胡吃海喝起来。我又抱着吃剩的零食，敲她的门，亲热地唤她：“姐，我买了好多零食，你吃不吃？”

她隔着门，无奈地笑出声来，瞬间又没好气地骂我：“滚开！”

妈妈回来后，问我的脸怎么搞的。我就骗她说是和女同学打架给抓的。

妈妈听后想都没想就说：“走，带我去找你那同学！”随后妈妈又看到我房间满地的零食包装袋，仿佛明白似的，看着我又气又笑起来。她笑着温柔地问我：“是不是又和姐姐打架了？”

我极力辩解：“不是姐姐，真不是姐姐！”

妈妈笑着摁了下我的脑门，说：“瞧你这出息，一点吃的就把你收买了。来，让妈看看。”说着就拉过我的下巴，边给我用紫药水消毒，边严肃地对着姐姐的房间说：“小雅，你的指甲该剪剪了啊！”然后又看着我说：“幸好没挖着眼睛。”语言中尽是温柔的埋怨。

到了高中，姐姐就只是一个默默无闻的平民了。那时她读高二，我初三。为了让我考一个好点的高中，母亲逼迫着让我报了一个又一个补习班。每天回来时，已经是晚上十点了，姐姐每天上完晚自习是八点半，爸爸接她回来后，她就扑在自己房间里写作业。我十点回来，洗澡之后也开始写作业。我们每天见面没说上两句话，就被妈妈催促着赶紧写作业。

我有时有不懂的题，觍着脸去问她，有时她会耐心地讲，我还是不懂，她就拿笔头敲我脑袋：“你怎么这么笨哪？”有时她会不耐烦，说：“我正忙着呢，死开。”我就识趣地从房间里退出来。

现在想来，那段时光，是我和姐姐最平静安稳的时光。

五

后来，不负众望地，我考进了一所省重点高中。姐姐在另外一所市重点读高三。高三那年，姐姐学了美术，最后考到了周边城市。

姐姐上大学后，我们见面的机会少了，她一个月回来一趟。每次她回来，都会带很多好吃的东西，给我讲大学里怎样怎样精彩，喝令我要好好学习，考一所好大学。因此，我们变得无比亲热。也是在她上大学的这一年里，我一下子比她高了一个头多。

她见到我就会叫我：“哟，小笨笨，又长帅了呢。”那时，我正在青春期，腼腆又自信，每次她夸我，我就不好意思地笑笑。也是在后来，为了保险起见，我也学了艺术，学了播音和表演。自从学了播表，解放天性之后，我开始变得没脸没皮的。她再夸我，我就理所当然地承受下来，最后还学会了互相嘲讽。

我们就这么一路打打闹闹地长大了。后来我进了大学，找了女朋友，她参加了工作，还没找到对象。因此，我时常打趣她：“胖子，什么时候给我找一个姐夫，让我玩玩啊？”她就会笑着回：“滚开！”

那时候，我真觉得，我老姐是微胖界里笑起来最好看的胖子！但是这话，我一直没跟她说，我怕她也会学着我没皮没脸地说：“那是当然。”

但是这一切的幸福，直到车祸发生的那天，就在我生命里全部瓦解了。那天下午，我和女朋友正在逛街，妈妈泣不成声地给我打来电话，告诉我姐姐出事了，我脑子里一片空白。女朋友一直在身边咂吧着嘴关切地问着些什么，我已听不清。

那一瞬间，我才明白，我和姐姐所有的幸福都终结了，全都终结了。

我忍着泪，心中一直安慰自己不可能，绝不可能，一边催促的士司机“快点快点”。但赶到医院后，只见到姐姐那具安静的、微胖的、满身是血的身体躺在病床上。我一下就受不了地号啕大哭起来。

姐姐下葬后没两天，我就去她的公司收拾她的遗物，她公司的同事都异常沉默、关切、悲伤又不知所措地看着我。我能清晰地感受到来自背后的这些目光，温柔、悲伤。收拾到最后时，我翻到她文件夹的扉页，贴着一张我和她在中学时代一起照的大头贴。照片上，她温柔地笑着看着镜头，表情那样温情，而我调皮地捏着一个拳头放在她的脸上。

一时，我忍不住，趴在她的工作台上哭了起来，哭得一发不可收拾。她隔壁的同事默默地递过来两张纸巾。我觉得，她肯定也哭了。

六

直到如今，姐姐离开人世已经一年有余。这一年来，整个家里过得像坟墓一样寂静。日子平平静静，像山间的一潭死水，清澈幽暗而不见底。父亲照常上班，母亲不再在饭桌上放四双筷子了。我也开始找工作单位实习。

那天在车站候车，看到一个微胖的女孩，长得很像姐姐，我望着那个女生出神片刻。她转过身来，我立刻调开目光，侧头看向他处，不一会儿车就开过来了。

坐在车上，我又看了看还在站台等车的那个长得像姐姐的脸圆圆的女孩。我又抬头看了看在一月不可多见的蓝天。

我在想：天可真蓝啊。不知道在天堂的姐姐，你瘦了些没有呢？

PART 6 幻在朝与暮

思君老于朝与暮 文/林丽茹

足以令我老于朝暮。

楔子

那一日是七月初五，我捏了个法术变成风流俊俏的公子独自去人间听了个话本子，说书的老头儿捋着胡子讲了一个才子佳人的故事。

老头儿说得甚好，在听到官家小姐被迫嫁给富家公子，一身凤冠霞帔跳崖自尽，书生一夜之间“白发三千丈”的时候，似我这般铁石心肠的神仙也忍不住掩面而泣。

白发三千丈，因了几万年的修行，神仙得以不老不死，于是小仙娥们常常打探素幽花神为何有一头如瀑的白发。

她们并不明白，即使仙法能够让我长生不老，可是思君，却令我老于朝暮。

【一】

一大清早就有仙官敲我花神府的门，我睡得迷迷糊糊，不耐烦地翻了个身抬脚就把叶韶从旁边的榻子上踹了下去：“喂，睡得像头猪一样，快去开门看看有什么事。”

前几日，天帝特意召我过去问了月苕花的花期，说想在月苕开花的时候宴请众仙，届时宣布一件大喜事，我估摸着花期也就在这七八月间，不想今天仙官就送来了请帖。

“素幽花神，这是天帝让小仙送来的花期会的帖子……呃……”叶韶打开门，我隐约听着仙官原本恭敬的声音硬生生一顿，转而赔笑道，“原来叶韶上神也在这儿，想来是小仙冲撞了二位仙君的好事，小仙什么都没看见，您接了帖子回去继续，嘿嘿，您继续……”

我抬起右手画了个幻境，清清楚楚地看见叶韶一副海棠春睡衣衫不整的样子，漫不经心地伸手拿过仙官递上的请帖，一句话没说就关了门，那门将将贴着仙官的鼻尖儿合上。

虽说身正不怕影子歪，可孤男寡女长夜独处说出去确实忒不像话，但这仙官笑得也委实夸张猥琐了些，他像是得了天大的宝贝，兴冲冲地随便从云头上扯下一片来，踏上就飞奔而走。

“叶韶，你到底要在我这里待到哪年哪月？”我烦躁地扒了扒自己乱糟糟的头发，在床上不开心地打了个滚，“第一场大雪洒洒而下的时候你就住了进来，现在枝头的杏花都粉嫩嫩地开得甚好，你怎么还不赶紧滚回你自己的霄云殿去？”

叶韶理了理衣服上的褶子，坐在桌前自顾自地倒了一杯清茶，慢悠悠地说道：“我说素幽花神，我们也有七万年的交情了吧，你说你刚成仙的那一年，去殿前拜见天帝掉进了瑶池里，是谁不畏惧众仙的鄙夷嘲笑把你捞上来的？三万年前你刚担了花神的仙位就掐错了花期，让腊梅在烈夏的时候开得那叫一个花姿灼灼，是谁担了责替你摆平的？就拿八千年前来说，你喝多了酒抱着我的大腿嗷嗷痛哭，鼻涕眼泪抹了我那件最风雅的袍子一身，我嫌弃过你一句吗？还有最近一次……”

“停停停！”我赶紧截住叶韶的话，“上神，往事就一笑而过吧，您爱在寒舍住多久就住多久，好吗？不要再跟我提七万年、三万年、八千年前的事了，你快看，”我扯着自己耳朵上凸出的一小块硬硬的皮肤，哭丧着脸，“我的耳朵都起茧子了。”

叶韶满意地点点头，随手拿起一把桃木梳子坐在床头为我梳理一头散乱的长发，在梳顺最后一缕头发的时候他突然说：“素素，我要下凡一趟。”

“去啊。”我换了个更加舒服的姿势靠在他的腿上，“你不是整天下凡吗？上次你腰间拴着的那个精工细线绣着的香囊就是凡间的红颜所赠吧？仙界可没有这么心灵手巧的姑娘家，那鸳鸯戏水活灵活现似乎马上就要飞起来了，嫩黄的小扁嘴多么栩栩如生。”

叶韶头疼地扶了一下额，痛心道：“早让你多出去走动走动长长见识，你就是不听，扁嘴的那是鸭子。”

然后他沉默了很久，最后终于说了句：“这次或许没有那么快回来。”

“你要留在凡间娶妻生子啊，到时候我去讨杯喜酒喝，”我欢快地坐起来期待地看着他，“你偷偷埋下的两坛子花醉，我能挖出来自己喝吗？你在箱底压着的那个翠绿翠绿水色极好的玉笛子能给我吗？”

他潋滟的一双丹凤眼眼角轻轻向上一挑，意味深长地看了我一眼，露出几分了然来。

我赶紧摆摆手撇清：“上神，你别误会，我真的没有夜探你的霄云殿，我只是偶然路过不小心扫了一眼。”

“是吗？你这扫了一眼还挺厉害的，连我压箱底的东西都知道，上次打西边回来遇见了千里眼，那兄弟喜滋滋地跟我说有了一个颇为貌美的小师妹，如若不是你这张脸实在称不上貌美，”叶韶挑剔地上下打量了我几眼，“我还当真认为那个小师妹就是你了。”

“喂，打人不打眼，骂仙不骂脸啊。”我掐了他一把，“不过话又说回来，你下凡干什么去？”

有风从未关紧的窗子缝里吹进来，扫过他青色的衣袍，衣襟随风微微摆动，竟然有几分萧索的味道。

叶韶温柔地拍拍我的发顶，轻声说：“要是我回不来，我殿里的东西就都归你了吧。”

【二】

我做了一个颇有些险恶的梦，手臂搭在床边空落落的小榻上，突然打了个寒战就惊醒了。

“今儿是什么日子了？”我高声问守在门口的小仙桃谷，愈发觉得头疼欲裂。

“神君，今天是六月廿七。”桃谷立刻答道。

掐指算算，叶韶下凡已经三月有余，虽然他也时不时下凡走一走，但转个三五天也就回来了，许是平日里他言辞犀利毒辣了些，日子过得还算有滋有味，一去三月不返倒让我有些心忧。

“神君不必担心叶韶上神，上神年轻风流，许是被哪家美貌的女神仙勾住了心魂。那些个年轻的女神仙哪个不明着暗着倾慕咱们家上神。”桃谷帮我一缕一缕梳理齐整头发，看我魂不守舍的样子劝慰道。

“谁和你是咱们家？！”我听桃谷把叶韶归为“咱们家上神”略有些不满，不禁唏嘘如今这些个小仙愈发活泼，净说些没脸没皮的话。

“是您家的，”桃谷也颇有眼色，“叶韶上神只是神君您家的。”

“桃谷，你跟本神君说句实话，”我皱着眉头努力端出一副正经严肃的做派，“你说本仙君，也属得上貌美的女神仙吗？”

“咳咳，”桃谷像是被呛了一下，拿着梳子的手一抖，憋着笑思虑了半天终于想好妥帖的措辞，“神君自然是美貌的，上次百仙会卯日星君不是还夸赞神君虽然性子不受拘束了点，但一张脸还是生得很美的，要是平日里别那么随意，穿得端庄些，想来也很少有仙子能跟您比上一比啊。”

我看着镜子里的自己一身暗灰色的衣服，皱皱巴巴的，像是一团着实有点分量的烂咸菜，再想想叶韶那些穿红披绿含羞带怯的烂桃花，对桃谷的见识甚为赞同。

又过了几日，在我决定也要下凡逛一逛长点见识，顺便寻寻叶韶上神的时候，桃谷大喊着“神君不好了，不好了”惊慌失措地跑进来。

“慌什么，小家子气，我不是整日教导你要淡定吗？”我略有不满地瞥了他一眼，手里仔细擦拭着成仙时天帝御赐的青石樽。

桃谷满头大汗，素来极爱齐整的他衣领竟然歪向一边，束起的头发也狼狈地掉下来几绺，对我的谆谆教诲完全不放在心上，气喘吁吁地说：“神君，不……不好了，叶韶上神回来了，不知道怎么回事，现在正跪在御殿上，天帝大发雷霆，说要刮了他的神仙骨。”

“啪”，我手中的青石樽掉在地上摔成了几块，桃谷几步走过来抓住我不停颤抖的手急声道：“神君，你别慌，我带你去看看，我这就带你去。”

御殿上一片死寂，列于两旁的各位仙君都低着头闭着眼装死，天帝坐在帝座上，脸上的怒气还没有消散。

叶韶跪在地上，双手在背后被捆仙索紧紧绑住，额头有隐隐的血色翻涌，显然是被法力重伤过。

我的心一痛，说话也带上了咄咄的气势，忘了自己的位分：“不知叶韶犯了怎样天大的错，还需要在御殿上对他动刑？天帝陛下万金之躯，对我们这般仰您鼻息而活的小神仙还动这么大的肝火，想来也是他叶韶祖上冒了青烟，蒙您如此惦念。”

“素幽放肆，你也敢这样和我说话？”天帝想必怒极，抬手化了个惊雷在我耳边炸响，我眼前一黑晃了几晃，勉强使了个定身法强撑住身体，依然稳稳站住。

“素素，不要为我讲情，回你的花神府去。”叶韶的声音嘶哑，像很久之前他费尽心思教我弹琴时我弹出的调子。

“头几个月，我还听给你送帖子的仙官说你和叶韶私交甚好，现在看来果真不虚。”天帝冷冷一笑，“素幽，我看你从一个小花精一步一步成仙，积了几万年的修为终成神君，掌管了百花，这么久来始终谨言慎行，今日这么维护叶韶，定是对他用了几分真心，可你知不知道他为什么跪在这里，他是求我准许他娶一个凡间女子为正妃。”

宁愿被刮去仙骨也拼死给一个凡间女子求得一个名正言顺的名分，呵，果然是叶韶。

我向来是以冷淡寡言的形象示人，这时却当着那么多仙神的面不顾老脸掉下两行泪来。

【三】

过了没几日，我就见到了叶韶心心念念的那个凡间女子，女子端得一副闭月羞花的好样貌，见到本神君也不卑不亢，矮身对我福了一福，说话温声细语，如同春日混着鸟鸣浅浅掠过花蕊的风声，只一句就直嵌到人的心坎里。

“我叫苏暮。”

苏暮到底是个凡人女子，尽管有叶韶的千万庇护，在仙界这样福泽深厚的地方不免有些消受不起。叶韶把她安顿在我的花神府让我对她多加照料。

“神君，你不觉得那个叫苏暮的女子虽生得美，但总觉得很熟悉吗？”桃谷神神秘秘地附在我耳边轻声道。

“是吗？”我不以为意，只顾着在四蝶银步摇和银镀金嵌宝蝴蝶簪中思虑究竟哪一个更合衬我今天的衣裳，“那也算合了情理，你自打修了仙位跟着我的这千把年来，只要长得美的姑娘家，你不都觉得熟悉吗？”

“神君真真是越发幽默了。”桃谷脸一红，随即又恢复了神秘的姿态，“神君你不觉得，苏暮的眉眼之间和您有些像吗？”

桃谷这么一说，我才仔细打量了苏暮一番，我修了神君的仙位以来一直把自己当成个男神仙来待，所以叶韶与我同住的那几个月虽然不甚习惯，但也没觉得有什么“男女授受不亲”的小女儿家羞怯的情态。

自从苏暮住进花神府，桃谷一直为我愤愤不平，整日变着法地打扮我，才让我真正明白自己是个正儿八经的女神仙。

镜子里的我眉眼也称得上细致，将额前发全部挽上去，把一双剔透的眼睛溜溜地露出来，和苏暮竟真的有七八分相像。

“我说那个凡间女子也就是鸠占鹊巢，叶韶上神真心爱慕的必然是您，就是您平日太洒脱了些，让叶韶上神误以为和您有缘无分这才铁了心找了那个凡人。”桃谷再接再厉，在我本来就隐隐作痛的心上添了一把火。

叶韶，你真的是爱慕我的吗？

“素素，苏暮她怎么这么虚弱，我不是托你照顾好她吗？”叶韶匆匆赶来，脸上是掩饰不住的憔悴和心忧，进了我的府门劈头就是一句质问。

“这个地界是仙人众集的地方，她不过是一个普通的凡人，没有一点法力，根本吃不消这么厚重的福泽，体虚是正常的。”我听着劈头的质问微微不满，好歹我是为了他敢在御殿上大着胆子与天帝辩上两句的人，而他竟不知承了我的恩情，为一个女子于我这般冷淡。

“我过了一万年的修行给她。”叶韶淡淡说，好似就像谈论四季冷暖一般平常 。

“你疯了？你还真要娶一个凡人为妻不成，这是犯了天条的！”我一把拽住他的衣襟，“你还过了一万年的修行给她，如果这个当口天帝要惩罚你，你就得死，连片魂魄都不会剩下，而她苏暮，你就是把修行都渡给她，总有一天她还是会老会死！”

“我知道。”叶韶一根根掰开我紧抓住他衣服的手指，“可是素素，我爱她，你知道爱一个人是什么感觉吗？就算魂飞魄散，我也要在剩下的日子和她在一起。”

【四】

今夜的月亮圆得有些感伤，想来月老君上也有什么伤惘的心事，我拎着一坛从霄云殿里挖出来的花醉去拜访月老。

好久没有开怀畅饮了，果然有些不习惯，酒过三巡，我就飘飘然有些醉了，月老也强不到哪里去，雪白的长胡子有半边泡在剩下的半杯酒里，嘴里还念念有词。

“孽缘，孽缘啊。”

“什么孽缘？”我打了个酒嗝趴在月老胳膊上问他。

“叶韶上神的孽缘啊，已经纠葛了几世，还以为这一世终能摆脱这段孽缘，没想到又深陷了进去。”月老素来与叶韶亲厚，最钟爱他这个小字辈的，或许是真的为叶韶伤心，说到动情处还流了泪。

于是在这个明月霭霭的晚上，我终于知道了叶韶的前世今生。

叶韶的前世本是仙界里赫赫有名的少年英雄，据说他出生的时候祥龙环绕凤凰展飞，于是天帝将他视为己出，一直带在身边亲自教授仙法。叶韶果然是天赋异禀，还未满七千岁就飞升上仙，一把昆仑斧使得出神入化，三界之内皆无对手，年少风流。

后来魔界出了个妖女宁汐，妖法奇谲诡异，因与叶韶的一战大获全胜而名传三界。叶韶毕竟年少心性，从未败给过任何人，更何况是个仗着一张绝美的脸魅惑众生的丫头。

他三番两次去找宁汐挑战，两人也是棋逢对手、相见恨晚。这么上千年过去，暗度陈仓，情意绵绵，叶韶竟然请求天帝赐婚于他，他要娶宁汐为妻。

天帝震怒，一巴掌甩过去，叶韶撑不住吐了口血，可还是倔强地说非宁汐不娶。天帝设了个局引宁汐来到仙界，合几个上仙之力锁住了宁汐，用九昧真火烧灼她的精元。

在宁汐奄奄一息的时候，叶韶终于赶到，他拼尽毕生的修为才保住宁汐的一魄，让她得以转世投胎，叶韶也因为耗费了所有的心力和法力而死去。

天帝怜他确实是仙将之才，不忍让他落寞死去，一直把他的魂魄养在三真池里，足足养了三万年又重新修成仙形，或许是因为执念深重，无论宁汐转世成什么，他都会找到并爱上她。

怪不得叶韶时常会去人间走一走，原来是为了找宁汐的转世，这一世她是苏暮。

“这段孽缘有什么破解之法吗？”我问趴在石桌上哭哭啼啼的月老。他把眼泪鼻涕都抹在袖子上，哽咽着说：“魔君或许有什么办法破解，可你也知道，仙魔两界向来敌对，他乐得看戏，才不会告诉我们破解之法。”

我偷偷收拾了几件东西，为怕桃谷嘴巴太松透出口风，便单枪匹马地去了魔界。

想来是这几万年我修行也算勤勉，仙法精进不少，我堂堂一个神君大摇大摆地去了魔界竟也没遭什么刀山火海的阻拦，一路顺风顺水地见到了魔君。

叶韶那张祸水般的脸我已经看了七万年，所以对一般俊秀些的神仙妖魔也不甚在意，没想到魔君也有一张十分招桃花的脸，一身黑衣更衬得邪魅妖娆。他高坐于神座，似笑非笑地看着我：“没想到神君来我这地方倒也走得顺畅。”

“好说好说。”我呵呵地干笑了两声，心里琢磨着应该说些夸赞的话才好开口求人，于是甚是恭敬地朝魔君拱拱手客套道，“魔君今日这指甲的颜色染得甚好，我这般阅花识色无数的人也觉得魔君的眼光真是好极了。”

魔君仔细端看漆黑如墨的指甲颜色，原本还算明朗的脸色瞬时就阴沉下来。

“魔君，其实我今天来见您是有事相求，”我看到魔君脸色阴沉，想是自己刚才拍马屁不小心拍在了马腿上，于是更加谨慎，再三斟酌着词句小心翼翼道，“不知道您知不知道宁汐，本是你们魔族极出名的人物，和仙界的叶韶纠缠了几世也颇耗心神，听得魔君有破解孽缘的办法，特来求教。”

虽然平日里看我只觉脸皮比一般的仙子厚上一些，但我从一个小小的花精一直修到神君的位分，也全凭一股傲气，几万年来从来没有求过旁人，今日话说至此已是豁出了脸。

魔君眼角眉梢俱是笑意，他愈发显得悠哉慵懒，挑眉看我，说道：“神仙就是神仙，连求人都带着倨傲的气势，要是素幽花神真想求得破解之法，”他笑得更加得意，一双琉璃石般的眼睛紧紧盯住我，透出些嘲弄，“那就跪下来求我。”

【五】

一池莲花灯飘飘荡荡地浮在池子里，每片花瓣柔软地展开，花瓣正中搁着微微跳动的烛火，映在池水里波光粼粼。

饶是我见过百花齐绽的盛景，在那一刻也不免动容，而那份动容，是叶韶给我的。

我活了几万年也能算上了点岁数，哪还有神仙过生辰的，再说一株桃花修成的神仙连爹娘都没有，还有什么生辰。

可叶韶说，仙人虽长生不老不死，但过得也委实寂寞，所有美好的东西，都应该享受，我成了花神那日就成了我的生辰。

于是他用一池莲花灯为我庆贺生辰，换走了我的真心。

我掉进瑶池里确实是一件丢尽脸面的事情，可是他没有丝毫犹豫，众目睽睽之下纵身跃入瑶池将我救上来，无数次地陪我举樽共饮，甚至与我同室而眠，我竟一直不知那样风流倜傥的他和所爱之人纠葛了那么久，依然痛苦挣扎。

不就是一跪吗？为了能够救叶韶，值了。

我敛了敛衣裙，下了狠力重重跪在地上，在跪地的一刹那，我清楚地听见膝盖骨清脆的碎裂声，我双手撑地叩了一个响头，沉声道：“魔君，我求你，求魔君能告诉我解救叶韶的办法。”

魔君不可置信地猛地站起来看着我，说话的声音都在颤抖：“好，好！不想我竟然有这样天大的本事，能让从不弯腰求人的素幽跪下求我，呵，几万年不见，你果然不一样了。”

听魔君的语气好像曾与我略略熟稔，可我着实记不得什么时候认识这号心狠手辣的人物，所以只好沉默不语。

还好魔君也算得上君子，最终还是告诉我破解之法，就是把宁汐的心挖出来化到叶韶的精元里去，这样宁汐就不会再有轮回，永远无法转世，叶韶就会从这段孽缘里解脱出来。

竟要生生挖出一个活人的心，于我而言确实是血腥了些，魔君咬定只有这一个法子，我也只能谢别他回到仙界从长计议。

魔界的地上全部铺了一层硝磺，质地坚硬，我这一跪伤了膝盖，用仙法也一时无法长好，所以只得每日老老实实待在花神府。桃谷多次问起我的腿究竟为何伤成这样，我只得编个瞎话说磕在了园子里，他看着我的眼神欲言又止，想来甚是为我的头脑担忧。

我在花神府将养了几天，听说最近一段时间叶韶一直陪在苏暮身边嘘寒问暖，平时他常来花神府转转一定要与我拌两句嘴才开心，现在也久未来了。

从魔界回来之后，我反复思量究竟是否要挖出苏暮的心，可她毕竟是叶韶所爱之人，我一面想要把叶韶从这无边无休的爱恨纠葛中救出来，一面又怕伤了他的心，难道这就是情？

兜兜转转却恨不彻底，寻寻觅觅只盼他平安喜乐。

直到月老君上告诉我，叶韶要再渡一万年的修为给苏暮，让她能撑过天帝的劫难。这样一来叶韶就给了苏暮两万年的修为，就算天帝松口愿意成全他二人，只是刮去他的仙骨贬为凡人，他也绝对撑不下来。

“苏暮，你是当真喜欢叶韶的吗？”苏暮正在绣一个香囊，明黄的底色上一针一线都极细密，我只好坐在一旁装模作样地喝了两口茶。

“是，我认识叶韶的时候还不知道他是上神，只觉得他有一张俊美的面相，脾气也好。”苏暮搁下针线，眼神飘忽，好像陷入到悠远的思绪里，“我去山间采草药，不知不觉天已经黑了，那条山道上又常有毒蛇猛兽出没，我本来心惊胆战，战战兢兢几乎一步不敢挪动，就在这时候遇见了叶韶，他把我送回草庐，此后常去看我。”

“他说喜欢我，要娶我为妻的时候，我觉得这一辈子能遇上叶韶真是三世修来的福气，其实我并不想要什么名分，只要能和他在一起，我就觉得已经心满意足了。”苏暮不复刚来时的虚弱，得了叶韶一万年的修行面色红润了些，说起往事来面若桃花。

真是一出才子美人的佳话，我暗自唏嘘，心里却是真切地一酸。

“虽然你这一世是凡人，但你知不知道其实你前世是魔女宁汐，已经和叶韶纠葛了几世，只要你还活着，他就要永世受苦，这是你们的孽缘。”我狠下心来还是和盘托出，“只有一个破解的办法，就是用你的心化进他的精元里，他就会永远忘了你，再也不会生生世世为与你的这段情受苦。”

苏暮水汪汪的眼睛里盛满不可置信，手上的针刺进食指里，一滴嫣红的血滴在绣了一半的香囊上，像一滴朱砂泪。

“素幽，你肯定能有办法救他的对不对，我把心给你，我把心给你，求求你去救他。”苏暮紧紧抓住我的手恳求我。

我闭上眼睛，双手聚起法力，对准苏暮的胸口慢慢地把灵力探进去，寻找她的心。

“素幽，你在干什么？”我被一股强大的力量甩在地上，“没想到我们认识这么久，我还没有看清你竟然是这般蛇蝎心肠，就算是死，我也不愿意忘记她，你口口声声说是为了解救我，其实你是自私，怕是你爱上我了，所以才想杀了苏暮。”叶韶冷冷一笑把苏暮护在怀里对我怒声道。

“是啊，我就是爱上你了，没想到我的爱这么不值得一提，从你送我一池莲花灯的时候我就爱上了你，所以我才想让你解脱出来，不要生生世世都伤心。”我说着眼泪竟然掉了下来。

叶韶依旧不为所动，他一字一句对我说：“我送你莲花灯，为你梳发，陪你共饮，不过是因为你这张脸长得有几分像苏暮，如果不是如此，你以为我会多看你一眼吗？”说罢拉起苏暮就走。

我一个人呆坐在地上，胸腔里热气翻腾，张口吐出一摊温热的血，我本来用了全力想要一次就拿出苏暮的心，可被叶韶一掌打断，所有力量都反噬到我身上，我用隔空传音唤桃谷：“小仙快点来扶你家神君回去，我自己，实在是走不动了。”

我的手心处还有烧灼的痕迹，一瞬间有许多前世今生的记忆一并扑面而来，苏暮她，并没有心。

【六】

“神君，叶韶上神要闯灵蛇阵，现在被困在阵里了。”

“嗯。”我并不惊慌，只是淡淡应了桃谷一声，坐在妆镜前在脸上扫了一层淡淡的胭脂。

看来叶韶为了娶宁汐的转世真是孤注一掷，什么都抛下了。灵蛇镇守在仙凡交界的入口处，要想永远脱离仙界回到人界，就要从这个灵蛇阵闯出去，不过自开天辟地以来，从来没有人从那里活着离开。

“桃谷，你骗过我吗？”我问这个从修成仙形就一直跟在我身边，陪我哭陪我笑的小仙。

“我……”桃谷后退一步，只吐出一个字就哽住了。

“别回答了，”我起身捏了个诀送我去灵蛇洞，“就这样吧。”

灵蛇洞外已经聚集了不少神仙，可是没有一个人能进得去，叶韶被九头蛇缠住，脸上都被割开了几道伤口。

“月老君上，我有两件事想要托付于你，”我看向旁边一脸焦急的月老，“如果我能把叶韶带出来，你不要告诉他是我救了他；另一个，我知道苏暮不是凡人，是你和天帝做出来的皮偶，就让她陪着叶韶吧，也让他有个念想。”

“你都知道了？”月老一惊。

“我都想起来了。”我轻轻一笑，“只有我能救他，不是吗？”

九头蛇甩着粗壮的蛇身在灵蛇洞里翻腾，任何仙术都没有办法控制它，我散去一身仙力仅凭血肉之躯走进洞里，凌厉的雷电一道道向我打来，我几乎每走一步就会断掉一根仙筋，我眼里只有叶韶，咬着牙走向他。

“叶韶，你要撑下去，我来救你了。”

我到底活了几万岁，自己也算不清楚了，可是没想到到最后我竟如此孤单，我没有朋友，没有爱人，什么都没有。

原来我才是宁汐，所以魔君才说几万年没有见我，所以我才能如此顺畅地在魔界肆意行走。

我和叶韶生生世世纠缠不休，如果这一世再不能获得解脱，叶韶就会魂飞魄散，我和叶韶，永远只有一个人能活下来。

天帝那日还笑言，本来在月苕花会上想把我赐婚给叶韶，可是叶韶爱上了一个凡间女子。

他们都骗我，为了让叶韶摆脱我，天帝和月老在这一世做了一个和我长相相似的皮偶并封存了我的记忆，把我的一魄系在皮偶上面，让叶韶以为那个就是宁汐。

连我的小仙桃谷也骗我，他待在我身边就是为了一步步引我入局，何必那么麻烦，他们不知道，只要告诉我我的死能救回叶韶，我必定义无反顾。

脚腕上的仙筋也被挑断，我只能跪在地上一点点朝叶韶爬去，他已经昏迷过去，面色苍白。

我想过去牵牵他的手，我只想过去牵牵他的手啊，九头蛇看见我在地上一点一点挪动，竟然也没有来攻击我，可我离他还那么远，我放声大哭："叶韶，你再看我一眼吧，你再看我最后一眼吧。"

我没有法力，只能把随身携带的匕首拿出来，狠狠插进胸口，血淋淋地把一颗混合着仙魔两界的心掏出来。

"神君，神君！"我听见撕心裂肺的哭声，我的小仙趴在灵蛇洞口的结界上，哭喊着看着我。

我只能对他安慰地笑一笑，手中捧着的心发出耀眼的光芒，然后慢慢化成齑粉融进了叶韶的身体。

那一日叶韶问我知道爱一个人是什么感觉吗，他没有听我的回答。

其实我想告诉他，我若爱一个人，愿意为他付出一切，不死不休。

永别了。

【终曲】

我像是做了一场大梦，醒来的时候，月苕花的花期都已经过了。

桃谷捧来一碗浓黑黏稠的药汁，说是从老君那里讨来的灵丹妙药，我浑身都是伤疤也没有什么仙法，可竟然还能活下来已经出乎我意料了。

“叶韶上神呢？”我虚弱地问桃谷，“上神……上神他……”桃谷慌乱的眼神和无措的回答让我心下一紧。

“是不是，他是不是……”我和叶韶之间的宿命就是只能活下来一个，而我活了下来，“不可能，我把心都给他了，他怎么会……怎么会……”

“神君的心要六个时辰才能和上神融为一体，可是在您刚刚要灰飞烟灭的时候上神就醒了过来，看起来他好像也打破了记忆的结界记起来您才是宁汐，然后……然后他就把您的心取出来放回原处，又把自己的精元炼出来为您修补了仙筋，洗脱了魔性。”桃谷答道。

“我知道了，你出去吧。”我闭上眼躺在床榻上，听见桃谷轻手轻脚地走出去带上了门。

躺了几个月，我身子略略清爽了些，也能去园子里走走，有不明就里的小仙娥暗暗向桃谷打探素幽花神怎的突然一头青丝变成了白发。

她们都不知道什么是爱一个人，她们并不明白，即使仙法能够让我长生不老，可是思君，却足以令我老于朝暮。

我这几世只爱过一个人，可是他，再也不会来找我了。

我每次想起来，都觉得伤心。

海底失乐园 文/荼白

醒来的时候，我决定去找你。这一次，我想做你的派大星。

【一】

我想我们应该是注定要在一起的。我们的妈妈在还是姑娘的年纪就是很好的朋友了，她们早就约定将来她们的宝宝如果是异性的话就一定要在一起，看，指腹为婚这种事不仅仅只有你向往的人类世界才有的，我们海洋世界似乎也有这样的习俗。

据说我们几乎是同时出生的——我比你早出来了63秒，大概是你跑过3海里的时间，怎么样，还是要比你早些吧，虽然你一直不肯叫我哥哥。

我们小时候总是一起出去玩，我们的海洋世界很大很大，可能我们花一生的时间也不能走遍它的每一个地方。你总是仰着天真的脸说，那我们可以试一试，做个走遍海洋世界的第一人，哦不，是二人。我揉了揉你的头发，说，好，我们一起。直到现在，我也常常会想起这样的场景，甚至可以清楚地记得随着海水方向摇曳的你脸上细细的绒毛。我很喜欢那样的时刻，那时总是可以坚定地相信一些东西，比如，就这么和你一直在一起。

【二】

你的方向感真的很差。你不知道中午的太阳到底在哪个方向，不知道临近冬天时那一群群大麻哈鱼是往哪边洄游，甚至有时连回家方向都会搞错。我总是笑话你是路痴，说你没了我可怎么办哪。你噘噘嘴说，这不是有我在嘛。你不知道，其实我也不是天生就有方向感的，一开始我也要想很久才能辨别所谓的东南西北，有一段时间我总是缠着爸爸很努力地学习怎么辨别方向，每天正午在外边晒太阳看影子的方向，在客厅指着各个房间说方向，爸爸妈妈的卧室面朝南边，中午总是阳光充足，睡午觉的时候一定要拉上窗帘，我的卧室是朝北的，冬天时候的水温总是比较低。你的家在我家的东南方向，我每次走出门，再往东边拐大约43度，就可以看见你房间的窗户了。我想我现在喜欢东南方向的原因，大概是因为你房间的窗帘留给我的印象很深刻吧，那一朵朵温柔的小碎花，暖暖的底色，很像你给我的感觉。

我当然不会告诉你，我这么努力地学习辨别方位，是因为我想带你出去玩，然后再把你安全地带回家。

【三】

就像人类世界有邪恶的歹徒一样，海洋世界也是有危险的。妈妈说在距这里西北方向大概300海里的地方有一种叫箱形水母的可怕动物，是海洋世界里最危险凶恶的动物，它的身体是透明的淡蓝色，虽然看起来很好看，但会主动袭击别的动物，这有点像人间传说的美女蛇。妈妈一再警告我不能去西北方向玩耍，更加不能带着你去。但你听年迈的鲸爷爷说，那个方向有一座非常漂亮的珊瑚礁迷宫，红色的珊瑚礁映在蔚蓝的海水里，还有许多鲜艳的鱼儿游来游去，阳光照下来，一片五光十色，比海面上的七色的彩虹还要美丽一百倍——虽然你没有见过彩虹的样子。这座珊瑚礁迷宫在他年轻的时候曾非常热闹，去那里玩的鱼类总是络绎不绝。每当听鲸爷爷讲这些的时候，你的眼睛都会变得很亮很亮，好像一个看到糖果的小孩，迫不及待地想要抓住那亮晶晶的糖纸。其实我对那个什么珊瑚礁迷宫并不怎么感兴趣，总觉得年迈的鲸爷爷描述的时候一定有夸张的成分。

但我决定带你去一次。

记得我跟你说的时候，你的眼里好像蹦出了海星，一颗颗地几乎跳到了我的身上，大喊“真的吗真的吗”。我认真学着爸爸每次答应我出去玩时候的表情，说当然是真的，我什么时候骗过你啊。真希望把这句话对你说一辈子，可现在却有些底气不足。记得那天我们很早很早就出发了，在阳光还没有射进海面的时候，我把爸爸的金枪鱼汽车偷来了，虽然那时我的驾驶技术还不是很熟练，但还好去那个方向的车辆不多，几乎没有人去。那天晚上我几乎整晚没睡，我也不知道自己怎么这么兴奋，明明想去的人是你啊。好容易挨到将近早晨，那时微生物应该都还在沉睡吧，我蹑手蹑脚地走出房间，走的时候，我悄悄在手里握了一个打磨得很尖利的贝壳，这样万一遇到危险了，可以保护你。

我们坐上金枪鱼汽车，你一直很亢奋，不停地跟我说话。比如你昨天又跟妈妈新学会了一道菜啦，比如前年生日的时候爸爸送给你的蚌你一直很细心地养着，期待收获一颗很美的珍珠，又比如吃饭的时候看到新闻说东边的海域发生了地震，海水翻滚得特别剧烈，那里的鱼儿们都被震晕啦，等等，好多好多的话。我一边开车一边听着，突然觉得如果以后这样生活好像也不错。

大概到了正午的时候吧，我们终于到达了传说中的珊瑚礁迷宫。我相信了鲸爷爷的话——这座迷宫真的非常漂亮，不，比鲸爷爷描述的还要漂亮。整个迷宫被阳光包围，边缘包裹着一层金灿灿的颜色，看起来好像是珊瑚礁从内而外发出金色的光芒，倒映着海水的颜色，感觉神圣极了。只是现在周围没有鱼类了，我想有的话应该更加漂亮吧。我看了看已经惊呆的你，拉拉你的手说，走吧，我的公主。你看着我笑了，并没有戳穿我的肉麻，轻轻嗯了一声。

你方向感那么差，当然是我领着你走的。但迷宫毕竟是迷宫，即使是我也会走错啊。

“呀，这边是不是走过了啊。”

“没有吧，刚才走的明明是那一边啊。”

我们一边争论着一边摸索着，手拉着手，好像可以一直走到世界的尽头。

那天傍晚离开的时候你很恋恋不舍，坐在车里还时不时地回头望望。我看看你，好像刚才被正午的阳光晒得迷迷糊糊的，说，等以后长大了，我就在我们的家面前建一座珊瑚礁迷宫，这样每天吃过晚饭我们就可以在迷宫里走一走，还可以帮你找找你那可怜的方向感。你很开心地笑了，周围的海水好像都泛着欢快的频率。

回去的时候你说幸好没有碰到箱形水母，不然这么好的一次出行就要被毁了。我握了握口袋里的贝壳，心里想着就算出现了我也能保护你。现在想起来当时真是年少轻狂，不过我想以现在的我应该可以保护你了。我摸了摸你的头说，快进去吧，妈妈该担心了。

【四】

海水每天都是那么蔚蓝。我们在一天天地长大。

在我长到可以独自往返900海里为爸爸修车的那一年，爸爸说好男儿志在四方，要送我去南方的海域进修了。我心里其实挺高兴的，想到可以到不同的地方见识些以前没见过的海景，接触不同的文化，学习更多我不懂的东西，我就很兴奋。

我跟你说这件事的时候，你很难看地笑了笑，当然不是你长得难看，那时候你已经出落得很漂亮了，摆脱了一些稚气却没有完全成熟，有一种让人总想和你在一起的气场。而那个好像是勉强挤出来的笑容，让我明白也许相比于我来说，你更加舍不得我。你说真好，现在就很期待我回来的样子了。

那天走的时候是个阴天，海底的阴天真的很暗，在白天街边的路灯都要开着，给人一种昏昏欲睡的感觉。出门的时候发现你已经在门口等我了，你的眼睛有一点红红的，我不确定你是不是偷偷哭过了。我走近说，起来得这么早呀，什么时候来的。你没有回答我，只是拉起我的手，在我手心里放了一个护身符样式的小布袋，说这是你养的蚌里的珍珠，原本应该再久一些取出来的，可是我就要走了，你就提前取出来了。我握了握手心里的布袋，说，好，我会一直带在身上的。见物如见你。你噗地笑了，拍了拍我的肩膀，说那么煽情干什么呀，快走吧。我说走了啊，会给你写信的。

【五】

海绵宝宝：“我不在时你会干什么？”

派大星：“等你回来。”

我有时候想，你是不是也是在这样等我？如果是的话，我真是太坏了。

【六】

南方的海域真的很繁华。即使是白天也是灯火辉煌，感觉走在街上都会把眼睛映得流光溢彩的。

当然也遇到了很多有趣的同学。海贝是从浅海来的，他说浅海的阳光总是很充足，即使是阴天，光线也不会很暗。他在浅海见过许多捕鱼的人类，他们敲船的甲板，让很多鱼类误以为是同类发出的信号就游了过去，结果就被捕获了。浅海可真危险啊，你一定不要独自一个人去。龙虾是本地人，对这边的地形状况都很了解，他常常带着我们去既便宜又好吃的地方，我还偷偷记了路线，这样你要是来了就可以带你去。还有海豚，平时不怎么说话，几乎没有什么脾气，但是是个说到做到的男子汉。

这边的信差是乌贼，我一直不明白看起来一点也游不快的他怎么能当个信差呢。也许是他的触角很多可以一次携带很多信件吧。

我来的第三天就给你写了一封信，并期待你收到的那一天。

【七】

海马姑娘应该是这里最漂亮的姑娘了。

她有好看的S形身材，走起路来身子一扭一扭，不缓不急，有一种很特别的韵味。

海贝、龙虾，甚至海豚都很喜欢她。

我跟海马姑娘只有一面之交。第一天到这里时，看到她一个人拎着个很大的箱子，很认真地在看公告栏上的注意事项，于是我就帮她拎了箱子，送她到房间。虽然她走路很慢，但她的性格很独立。

那天我压根没想到她会来我的屋子道谢，我穿着T恤打开门，她站在门口微笑着。那天我们聊了很多，她讲了很多小时候的事。她是个很爱冒险的姑娘，这点跟你不同。她六岁时曾偷偷驾着父亲的车出去玩，没想到车在半路抛锚了，她就在车上待了一夜等到天亮，然后搭车回家。我们聊得很开心，她就像男孩子一样喜欢冒险，有些想法甚至和我的一模一样。她说她的厨艺很好，要做料理给我吃。我说那我们一起做吧。

做饭的时候我不小心把酱汁洒在了T恤上，她看到了坚持要我脱下来给她去洗，我只好依了她。

我当然没有想到你会在那天来南方海域找我，你敲门的时候，我还以为是龙虾来还我上次借给他的漫画书了呢。后来的事情你都知道了吧。

乌贼大叔太慢了，其实你已经写信说那天要来看我的。只是那时我还没有收到那封信，所以也不知道你要来。

如果我知道海神波塞冬安排了一场这么狗血的剧情给我们，那天我一定会去街上随便转转的，然后在你快到的时候回到家里专心等你，再给你做一道我新学会的拔丝海藻，特别甜蜜的口味。

我想你一定是误会了。

但我竟鬼使神差地没有向你解释。

也许我是有一点喜欢海马姑娘的。

这有一点像在夜市上，你可能会喜欢两个不同花色的海星发带。

当时你站在门口，有点不可置信地看着赤着上身的我和旁边手里拿着我的T恤的海马姑娘。你咬了咬嘴唇，转身就跑了。我反应过来后，赶紧抓回海马姑娘手中的衣服，随便一套就去追你。可我走了两条街，又走了200多海里，还是没有找到你。

回想起来，你也许是躲到了附近的那个拐角处。那里有很多很多暗红色的珊瑚礁，和我们小时候捉迷藏的一处很像，可那一次我竟然没有想到去那里找你。

如果我当时找到了你，会怎么样呢？

可是没有如果啊。比如海水的颜色不可能变成麦穗的金黄色的如果，比如世上不会有两个一模一样贝壳的如果。

我应该是失去你了，我后来才意识到。你看起来很依赖我，但骨子里却很倔强。你回应我的前提是确定我也同样喜欢你。

【八】

后来我并没有和海马姑娘发展下去。

我说过，她是个爱冒险的姑娘。当她在我的世界大致探索过之后，她便又去新的地方冒险了。

我还是会时常想起你，想起你各种各样的表情，皱起眉头的，弯起嘴角的，噘着嘴不乐意的，很多很多。呼吸的时候吐出的泡泡，竟都可以变成一个个的你。你送给我的那颗珍珠，我一直垫在枕头底下，每天伴我入睡。你常常扎的那抹黄色的海星发带，也总是出现在我的梦里。

如果有机会，我想带你去浅海看一看，那里有你一直很想看的七色彩虹。你只管安心地欣赏，什么也不用担心，我会为你赶走附近所有讨厌的鱼雷，躲过周围那些人类做的狡猾的陷阱，我会在背后一直保护你。

你后来没有再找我。

甚至连信也断了。

【九】

海绵宝宝：“我不在时你会干什么？”

派大星：“等你回来。”

这是我第363次梦到你了，那抹黄色的发带变得很长很长，你将发带系在我的小指上，系成一个歪歪扭扭的蝴蝶结，而发带的另一头系在你右手的手腕上，你说，我们启程吧，然后带着我跑起来。

醒来的时候，我决定去找你。

这一次，我想做你的派大星。

PART 7

白色信纸般触及少年的记忆

耿耿，于怀——致《最好的我们》文/王君心

可偏偏就有什么，像从那些流水账一样的日子里渗出来的风，如翻动白色纸页般触及年少时的每一页记忆。

To：余淮

这是一个关于我们的故事。主角，是我和你。

我，耿耿，平凡普通得一塌糊涂，爸爸就要再婚，误打误撞考上名校振华，在这虎狼之地学会独自吞咽尴尬的自卑与无奈，狼狈不堪不遗余力地将双脚走得鲜血淋漓。

你，余淮。你不是最优秀、最好看、最贴心的，你也是会伪装，会任性，会无能为力。但你偏偏是那种“会发光，会蓄太阳能”的男孩，在我面前总能漫不经心、游刃有余地将生活经营得风生水起。

我们将故事藏在教室最后一排。平凡、自卑、倔强的尽包耿耿，遇上了阳光、随性、真诚的闷骚余淮，成为同桌，打打闹闹磨蹭了高中三年的时光。

仅此而已。

余淮，有人说，这个故事都是些再细碎不过的点点滴滴。也有人说，这个故事，将怀旧写到了极致，也将记忆写到了极致。你我都知道，这个故事很普通、很简单，太平凡又太平淡，可偏偏就有什么，像从那些流水账一样的日子里渗出

来的风，如翻动白色纸页般触及年少时的每一页记忆。这个故事，属于每个人都曾属于的那段时光，它既不惊心动魄，也不扣人心弦，却有着午后浸泡在阳光里的淡然，让心跳不失时机地漏掉一拍。那些纯粹的日子，本来就该这样，不是吗？！

余淮，我从来不愿惦念一句“很多年以后”，只想记住一句“这么多年”。这么多年，我记得你在开学的第一天，闪着小虎牙，大大咧咧又无比认真地对我说“我们做同桌吧”；记得你假装没看见我惨不忍睹的成绩，明明是尖子生，却为我装作不懂，请老师放慢讲课速度；记得你用一张温暖的纸条，安慰迎来新家庭而失魂落魄、趴在桌面抽泣的我；记得你送给我的田字方格本，上边是你连夜写下的密密麻麻的数学公式，帮助在考试来临前手足无措的我。

余淮，曾经的耿耿自卑、怯弱、随波逐流，自以为被时光忘记了，长久地彷徨在杳无音信的黑夜，身前身后一片兵荒马乱的狼藉。是你给了那个一无是处的尿包耿耿一份勇气和一些坚定。在这场逼仄拥挤的青春里，你陪她走过短短一程；在这场遍布荆棘的闹剧里，你陪她涉过漫漫长夜；在这段寂静啜泣的夜航里，你为她攥紧一小朵光芒，将寒夜驱散。

余淮，我们明明熬过了最苦的日子，为什么会抓不住最美的期许？高考后的夏天，你像是被折起的时光，彻底失去踪迹。多少个三年过去，我知道你选择复读一年，又因为母亲的病放弃清华，掐灭了一个美国梦，陷身迷茫。而我，却寻着兴趣赶上了最喜欢的工作，随性自由。余淮，你不会知道你对我说：“你看，现在我们两个人颠倒过来了。”我看着你无奈微笑的样子，心里是多么张皇。

余淮，很久以前的那个夏天，你在电话里对那个没骨气、害怕对高考答案而手脚冰凉的耿耿说：“有我呢，别怕。”现在，轮到我了。

“不管未来会发生什么，我一直在你身边，别怕。”

耿耿余淮。四个字，两个人。

涉过夜航，最好的，是我们。

From：耿耿

单行道 文/刘杰

阿仔，阳光正在赶来的路上。

这是一条单行道，是这座城市唯一的一条。

从这条单行道的起点开始走到底，总共是一千三百步，猫咪曾经仔细地数过。猫咪的每一步跨得都不大，差不多30公分。猫咪喜欢安静地走，安静地看从自己身边路过的风景和时光。猫咪习惯在下午阳光开始穿过那棵苍老的梧桐树的时候出门，拐过两个巷口来到这条单行道，然后从这端走到那端，再走回来。

猫咪很享受这样的时光，就像享受和文字缠绵的时光。

猫咪记得在从家里出来，到这条单行道的第一个巷口里有一家茶馆，那是一家刚开不久的茶馆，猫咪去过一次。茶馆老板是一个四十多岁的男人，有着瘦削的脸庞和安静的目光。每次猫咪从那里经过，都能透过格子玻璃看到那个男人坐在木质的柜台边，安静地看一本猫咪猜不到书名的书。猫咪想，那一定也是一本安静的书吧。

很少有人在这个茶馆驻足，所以茶馆每天都是静悄悄的，就如同那个男人一样安静。很多次猫咪走到那里都想进去，但是最后还是戴着耳机安静地离开了。猫咪觉得自己并不是一个能够学会喝茶的人，她品不出茶里的诸多韵味，她甚至觉得，会品茶的人一定是一个安静如水、看淡尘世的人。但是猫咪不是，猫咪觉得自己不够安静，而且在这个尘世有太多的牵挂。所以，猫咪每次都是远远地看着那个茶馆。

猫咪在阳光升起来的时候开始睡觉，在下午的时候醒来，带上那个只有一首歌曲的MP3，出门拐过两个巷口走到那条单行道，然后来来回回地走上两遍，最后再拐过两个巷口在家附近的便利店里买一点零食和速溶咖啡。在很多个夜晚，猫咪都非常需要这些东西，她需要咖啡的苦涩在深深的夜晚里让她清醒，当然，她也需要那些有着短暂保质日期的零食来填充她缺乏营养的身体。

猫咪记得那个便利店的收银员是一个女孩，染着亮丽的酒红色的头发。猫咪喜欢那种颜色，那是一种令人着迷的颜色，猫咪曾经这样对阿仔形容过。每次想到这些，猫咪便会轻轻地笑。她也想过把头发染成和那个女孩一样的酒红色，但是沫沫说染得再好的头发到了你猫咪的身上都会显得很突兀，还是原来的你最好。于是猫咪只能作罢。

每次猫咪去便利店，那个女孩都会对她轻轻地笑，女孩笑起来的时候脸颊上会露出两个浅浅的酒窝。猫咪对那个女孩说：“你笑起来的时候真好看。”女孩笑着回答猫咪：“谢谢。”

每天凌晨，猫咪就会写一封寄不出去的信给阿仔。在每封信的开头猫咪都是这样写着：“阿仔，阳光正在赶来的路上。”然后就是一些零碎的语言和苍白的文字。有时候猫咪会写一些突然想到的句子，有时候猫咪会抄一大段一大段的歌词，歌词一直是那首*In the end*，林肯公园的一首歌。抄完歌词，猫咪便会在信的末尾画一只安静的猫咪，只是用铅笔简简单单地勾勒出线条。

凌晨三点的时候，猫咪会冲完最后一袋速溶咖啡，然后含着嘴里残留的淡淡的苦涩在阳光即将升起的时候开始写下这个夜晚最后的文字。

然后，猫咪便会陷入深深的睡梦中。

一千三百步，每次猫咪都会数一遍。有时候她甚至会数到一千四百步，猫咪不知道这两个数字哪一个是正确的，她问沫沫，沫沫懒懒地告诉她，她懒得去数，这种无聊的事情也只有猫咪能够有心思去做，并且成为一种习惯。猫咪无奈地摆手说："你知道的，很多时候习惯都是一件非常可怕的事情。"猫咪不止一次想过逃离，但是她却没有勇气。猫咪是懦弱的，猫咪这样对自己说。

"猫咪，你真的安静得像一只猫咪呢。"阿仔曾经这么对猫咪说。

"有时候，只是不知道该怎么说而已。而且，说那么多又有什么用呢？"猫咪记得当时是这样回答阿仔的。

猫咪讨厌聒噪，这甚至成了她讨厌白天的借口。沫沫不止一次想拉她出去逛街，但是猫咪除了那条单行道就再也不会去其他的地方。猫咪说，那里才是她白天唯一想去的地方。沫沫无奈，于是只能气鼓鼓地说她要是当了市长夫人一定让市长把那条单行道废了。猫咪笑起来，肆无忌惮地笑着，一直到眼泪流出来。

"猫咪，你为什么对于那些事情如此执着呢？"沫沫经常这样问猫咪。

猫咪不语，其实她也不知道为什么如此执着，或许根本不能够算是执着而仅仅是一种习惯吧。"习惯是一件非常可怕的事情。"猫咪最后这样总结道。

当猫咪每次轻轻地踩在那条单行道的灰尘上的时候，她总会有一种想跳舞的冲动。她从一片落叶跳到另一片落叶上，脚尖踮起，轻轻地旋转。猫咪想，如果阿仔能够看到会有多好啊。是啊，如果阿仔能够看到会有多好啊。

单行道的中间有一个公园，或许这也是这条单行道存在的理由吧，用那些政客的话说就是"给市民一个享受自然的地方"。是呵，真自然呢。猫咪看着那些被固定的小树轻轻地笑了。猫咪讨厌虚伪的东西，就像讨厌那些所谓的光明，自从阿仔走了之后便更加讨厌。她觉得光明没有黑暗纯洁，那是一种虚伪的繁荣。

所以，她喜欢待在黑色的夜里。

从公园到单行道的末端，猫咪走了五百步。高跟鞋敲在地上发出清脆的声音，猫咪轻轻地迈出一小步离开公园，然后走到单行道的末端用了一首歌的时间。"五分钟的样子。"每次猫咪走到单行道的末端就会轻轻地说。五分钟的样子。是阿仔教会她这样说话的。

不管是走过去还是走回来，猫咪都不会去那个公园，而且猫咪也从来没有去过。猫咪远远地看着公园里的那些绿色的草坪以及带着孩子散步的老人。猫咪不喜欢变老，每个女孩都不喜欢自己老去，但是猫咪仍然觉得老去是一件幸福的事情，有那么多的回忆可以用来回忆。猫咪说如果我老了，我就坐在家里的老藤椅上把我年轻时候的事情写成一本书，一本厚厚的我自己都抱不起来的书。阿仔说他去买老藤椅，于是两人相视而笑。

沫沫又谈恋爱了，猫咪记不得这是沫沫在今年的第几个男朋友。每次失恋了，沫沫都会来找猫咪喝酒，最后唯一的结果就是沫沫每次睡得像猪一样而猫咪的酒量则越来越好。猫咪说：“沫沫你害了我。”沫沫说：“你应当感谢我，我造就了一个不怕喝酒的你，等你出去聚会你就知道这个的好处了。”猫咪假装痛苦地说：“我现在是离了酒和咖啡就没法活了。”

“没事，大不了我养你。”沫沫摆摆手淡定地说。

猫咪怔住，曾经也有人对她说过这句话呢，她清晰地记得那张脸庞。

沫沫说这次她要一直恋爱下去不分手了。猫咪好奇地问那到底是一个怎样的男孩能够把沫沫搞定呢。

沫沫说，像水一样的男孩。

像阳光一样的少年。猫咪的脑海里第一次突兀地跳出这句话。

一千五。猫咪只数出过这个数字两次。这个数字是阿仔第一次写情书给猫咪的字数。猫咪仍旧能够记起那张纸上浅浅的文字里有一句“我爱你”。猫咪喜欢看阿仔写字时候的认真表情。猫咪说：“你写字的时候真好看。”阿仔只是安静地笑。

“猫咪，在那条单行道的末尾左拐的第三个街角才开了一家概念书店。”沫沫对猫咪说。

“嗯？”

“就是我们以前经常去吃火锅的那个街角，那书店就在那条街角的最后。真想不明白那书店为何会开在那么繁华的地方。”

“可能人多点吧。”

“如果挤满了人那就不叫书店了。”沫沫有点生气，“那书店老板不适合开书店。”

“你不是一直想自己开一间书店吗？”

“嗯，是的。我的书店要开在一个安静的角落里，里面放一些安静的书等待一些安静的人，然后我坐在窗边喝茶看书。真好。”沫沫笑着说道。

“嗯。”

“到时候在我的书店门口就放着你写的小说，给去的人看看我姐们写的小说，然后把他们吓得一愣一愣的。”

“哈哈。”

其实猫咪的小说已经写好了，但是她不想拿出来，她的文字里有自己的影子，她害怕被别人看到那个她。

阿仔曾经就是那样轻易地看到了猫咪，那个叫猫咪的猫咪。

猫咪喜欢窝在沙发里对着电脑屏幕诉说，她轻轻地敲打下每一个故事，在那些故事里都有一个安静得和阿仔一样的男孩。猫咪从黑夜在这个城市降临时就开始对着屏幕讲述，一直讲到凌晨，然后猫咪开始给阿仔写信，写一封寄不出去的信。

猫咪看着这个城市的黑夜和那些被高高挂起的苍白的光明便会有一种说不出的惶恐，或许在不久之后的某一天，这里的一切都会是一场梦，就像曾经阿仔在的时光，就像梦一样，梦醒人散。

猫咪喜欢用那支铅笔给阿仔写信，曾经阿仔就是用那种铅笔给猫咪画画，画一只猫咪，像猫咪的猫咪。猫咪找出那支铅笔在苍白的泛黄的纸片上写着给阿仔的信。

阿仔，阳光正在赶来的路上。

这个城市还是你离开时候的模样，一点都没有改变，要说变化就是在那条单行道上的那个公园里，老人越来越多了。他们在公园里散步，享受着午后温暖的阳光。公园里的那些树还是没有色彩，难道是它们离开了所谓的故乡？

阿仔，我去过你的故乡了，就和你说的一样呢。我喜欢那种绿色和蓝色的天空。真的很羡慕你啊，小时候在那么美丽的地方长大。可是，羡慕也只能是羡慕，就如你所说我们什么也做不了，不是吗？

沫沫有段时间没有来找我了，我开始有十九个小时窝在这间墙壁涂满蓝色的屋子里，我记得你是喜欢蓝色的，就像天空的那种蓝色。记得是谁说过“蓝色是遥远的颜色”。是啊，那么遥远呢。阿仔，那么遥远呢。

阿仔，我突然想不起来这是你离开我的第几个夏天了。你说你会在我身边，可是我却感觉不到。阿仔，这是你第一次对我食言呢，等我找到你我一定要好好地惩罚你。那条我们曾经常去的单行道我还是每天都会去一遍，来来回回。你说那是你在这个城市唯一的留恋，因为那里有我们所有的时光。

阿仔，那个每天傍晚在单行道的第十五个木椅边唱歌的年轻人走了，这让我每天到那里的时候有一种孤单的感觉。一千三百步又或者一千五百步，从一端走到另一端我看到很多人和我擦肩而过，带着冷漠的脸庞和失去色彩的眼神。阿仔，你说过，那样的人活着是悲哀的。

我仍旧喜欢在黎明开始的时候睡觉，当太阳升起的时候这个城市的轮廓开始显露出来，阳光穿过重重叠叠的高楼大厦狠狠地刺进我的眼里，我不喜欢那样的感觉，我讨厌阳光，于是当太阳升起，我只能去睡觉，闭上眼睛就什么也没有了，多好啊。

阿仔，你还记得我当初说要为你写一些文字的吗？你应该忘记了吧，你清楚地记得我的生日和我们相识的日子，却总会忘了许多我说过的要为你做的事情。我猜想，你一定是故意的对吧。没事，阿仔，我说过为你写一些文字的，现在正在写着呢。我一边写一边回忆你当初的那张脸庞以及那时候的一个个安静的午后。

阿仔，你会回来吗？我一直在这个城市里等着你呢。

猫咪

猫咪在信的末尾画了一只安静的猫咪，只用铅笔简简单单地勾勒出线条。其实猫咪在冲最后一袋速溶咖啡的时候非常认真，当她看着那些粉末在热水里消融就会有一种温暖的感觉。这种温暖就像阿仔当初拥抱她时的感觉。

猫咪手捧着温暖的杯子，看了一眼即将看到阳光的城市，然后写完她一天里的最后一段文字，在阳光升起之前喝完最后一口咖啡。“明天会是新的一天呢，阿仔。”猫咪安静地说。

晚安，阿仔。晚安，猫咪。猫咪轻轻闭上眼睛。

——诗人之名

PART 8 那幸福

不疯魔，不成活 文/周露瑶

但我只知蝶衣，不识国荣。

暑去寒来春复秋
野草闲花满地愁
力拔山兮气盖世
猛抬头 见碧落 月色清明
自古道 兵胜负 乃是常情
夕阳西下水东流
汉兵已略地 四面楚歌声
君王意气尽 贱妾何聊生
八千子弟俱散尽
虞兮虞兮奈若何

——李碧华

张国荣扮的蝶衣，但我只知蝶衣，不识国荣。

想起当初看完了李碧华的原著《霸王别姬》，又去找电影来看，最后就走不出来了，满脑都晃动着那个时代的影子。而无论是陈凯歌，还是李碧华，每场戏的开场都是钟鼓齐鸣，掌声雷动，落幕后，曲尽人散，空留繁华无数刹那成灰。

这样的场景总是能让人有一种错觉，感觉时间就在眼前晃动着，慵慵懒懒，却不留痕迹。那是一种鸦片般的消弭，有着最奢侈的美丽，也有着最深沉的忧郁，就像程蝶衣婀娜的腰身，转过一个个锁满戏袍的箱子，转过一间间高大而空旷的屋子，却始终转不出那个影影绰绰的舞台。

只能是看客已经走出了戏院，程蝶衣却走不出虞姬。

蝶衣、小楼，又或是小豆子、小石头，他们的命运交织在一起，无法分清最后是谁的悲凉，谁的不该。小豆子在刚进戏班时就因六指而挨了一刀，注定了他一生受苦。无法忍受戏班的残酷训练，他逃了出来。可宿命真是逃脱不得，偏偏让他瞧见了那舞台上的旖旎风光，生生地定在他的眼眸中，最后他决定回来。

无法想象一个孩童稚嫩的心灵要遭受多少，才能毅然决然地将自己柔弱的脖颈温柔地交付给一条白绫。嬉笑打闹的同伴上吊死了，戏班仍要继续。少年们稚嫩的嗓音在寥廓的寒水上艰涩地走过——“力拔山兮气盖世，时不利兮骓不逝。骓不逝兮可奈何，虞兮虞兮奈若何！”

一声“我本是男儿郎”，却是错了，错了。当小豆子嘴角流血唱出“我本是女娇娥”时，一切冥冥之中都已注定。丢弃了性别的小豆子再也回不去了，谬误一生的唱词叫人迷失在戏里戏外，迷失在这个世界。

小豆子火了，唱虞姬唱火了，成了蝶衣。那妩媚的容颜，翩跹一转，千回万转的眼神，任是谁，都陷进了蝶衣的温柔中。

“不疯魔，不成活。”小楼这样说蝶衣。但走过艰苦，走过风光，走过混乱荒唐，走过辛酸心痛，蝶衣还是小豆子，没变过那始终倔强、执着的心，执着于戏，执着于他的师兄。一次次的变故，对蝶衣来说，也只是一场戏。那个朝代亡了，元音盛世来了。可这些，都只是幕布罢了，无论如何变幻，蝶衣都只能依旧演他自己的戏。在舞台上，他没有对手，在四面楚歌中演绎着自己的爱情。也许他爱上了和他演对手戏的男人，也许他爱上的只是自己。绝代风华，都在他的一颦一笑中绽放。耀眼的辉煌，都在他的身后崭露。他已成魔，妖惑人间的魔。

在批斗时，所有人都是那么滑稽，脖子上套着木牌，把脸画成小丑，只有蝶衣，依然浓墨重彩，美丽从容。

只是那一声："你们都骗我。"让蝶衣从心底里开始绝望，一片荒芜，冰凉。在那样一个充满浩劫的岁月，他始终都只是一个随波逐流的玩偶，用厚厚的胭脂掩盖自己的容颜，在生死相许的戏词里度过春秋。就算舞台下的观众换了一拨又一拨，而无论掌声的潮起潮落如何，他内心中所有的悲喜与天真都不会有人真正了解。

程蝶衣撕心裂肺地咒骂："我也揭发，揭发姹紫嫣红，揭发断壁颓垣！"

是，所有人都骗了他。那个曾经很疼他，怕他冻着的娘把他扔在了戏班，决绝地离开便再也没回来过；出逃时瞥见的舞台上的灿烂辉煌也是骗人的，那只是幻影，却让蝶衣付出了巨大的艰辛；一起熬过来，对他重情重义的师兄小石头，却不要他，而要了一个妓女；捡了个弃婴小四，在身边带了多年，没想到一转身却变了一张脸来咬他；张公公、袁四爷、日本鬼子头……那些人欣赏他也好，与他有怨也罢，却都让他一个一个瞧见他们最后的落魄。蝶衣不知道还有什么可以相信，孤独的身影徘徊在这世上，凄厉的喊叫刺痛了每一个哀伤地看着他的人。

他终于苏醒，也终于走到了舞台的边缘，走到了生命的尽头。

其实，他们都是人戏不分的人，一辈子，临到头还在唱戏。比如袁世卿在临终枪毙被拉出去时，后脚跟着地依旧走着台步；比如蝶衣说"我也揭发，揭发姹紫嫣红，揭发断壁颓垣……"一句本就是《牡丹亭》里的唱词；再比如蝶衣戒烟时，镜头和蝶衣之间的鱼缸，鱼缸里的鱼是真的，屏风上的鱼却是假的，真真假假，假假真真。无处不是戏，无处不是痛。所谓"不疯魔，不成活"，便是此般狼藉。

看尽了这世间的万象，历经了如此悲痛凄凉，那是蝶衣的最后一出戏。

仍是霸王别姬，仍是爱护他的师兄，一切繁华似乎依旧，没有悲伤。当霸王转身，看不见虞姬苍凉的笑，看不到虞姬老去的手指握住冷硬的剑柄，看不到虞姬凌乱的衣衫中血色的涅槃。蝶衣，或是虞姬抽刀时，一切静止凝固，只听到碎裂的声音。漫天红尘泣血悲歌，天地间舞动的都怔住了，喧嚣的都沙哑了。

……

虞姬，虞姬，奈若何！

PART 9 把旧日收集起来，然后离开

你说好在长街的尽头等我 文/万霁萱

你说好在长街等我，只是你提前转了街角。

一

五月八日，呼和浩特，雨天。

结束了上午的自治区跟进会议的工作后，带队的老师在政府门口宣布了下午不用来的消息，我们几个实习生明显的喜悦神色让老师的眉头稍稍皱了一下，我聪明地转了一下话题："老师，要不我们把今儿的素材整理出来？"老师抬头看了看继续下着的雨摆了摆手说："算了算了，等明儿再说吧。"

跟老师分别后，同一组负责后期的姑娘不满地抱怨："丛薇你可差点毁了我下午的美容觉啊。"我故作毫不知情地回应："都是为了表面工作嘛！"扛摄像机的男生默默地走在最前面，他谨慎地把机器抱在怀中生怕弄湿了这个贵重的物件，估计他心里也早把我祖宗几百辈骂了一遍，不过，管他呢，无所谓，至少今儿是个得心应手的好雨天。

在公交车站与同组的人告别后，我把绑得规整的头发松了下来，然后从背包中取出棒球帽扣在松散的头发上，将近一年没怎么管的头发，而如今的长度也默默地长到了自我满意的状态。在大四后半年忙碌的实习生涯中，除了积极寻求哪家快餐店更加便捷、合胃口外，我就再没有新的欲求了。

等了十分钟没有一辆公交车的踪迹，暴露在冷空气中的胳膊已经起了一层鸡皮疙瘩，已经站了一上午的小腿在雨天的冲击下有了抽筋的感觉，这时不远处一辆显示空车的出租车悠闲地开着雨刷行驶在路上，我果断地收起雨伞悲壮地站在雨中生怕这辆载着希望和美梦的车被别人夺走，就算衣服湿透了也要尽快投身到宿舍温暖的床上。

坐上车把地点报给司机后长舒了一口气，司机很嫌弃地看了一眼已经湿透的我，但是灌水的裤子已经紧紧地贴在了座位上，我也只能若无其事地看向车窗外装作什么坏事也没干，心里却尴尬得不知所以。

99.1，music radio在呼和浩特的兆赫，下午一点出现了吴莫愁准点报时的声音，刚想掏出手机给唐晓打电话吐槽好久没听的电台的水准又下降了，但是随后的推荐歌手让我顿时愣在了那里。

“我说好了会在长街的尽头等你，但是却只有血红的残阳陪伴。90后独立音乐人廖晨的最新单曲《长街》，让这个温暖的声音陪你度过失眠的五月。”

“喂，球儿，干吗？”手机那头的唐晓在不停地叫着我。

廖晨啊，竟然是廖晨……

“喂！”真好笑，唐晓还在线上。

司机疑惑地回头看了我一眼，却像受惊了一样立马转过头去。电台已经开始了下午音乐节目，DJ在调侃着当今乐坛的八卦，但是好像耳朵里装了一对雨刷器，所有的声音介质都被冲刷掉，连接到神经的声音只有循环重复的“我说好了会在长街的尽头等你，但是却只有血红的残阳陪伴……”

胸口有些闷，可能是穿在里面的白衬衣有些紧，现在的我还是穿着L的衣服，比离开你的时候瘦了那么一点，头发长了好多，眼镜换成了黑色的木质镜框，但是生活状态比当时和你在一起的时候还要差，对了，我的皮肤变差了，来到这个城市上大学后毛孔粗大、黑头增多，都是因为这里干燥的天气和肆虐的沙尘……我有这么多话想要和你说，但是，轻笑一声，好像真的没有但是了。

“是廖晨啊。”我轻声地对着电话那头的唐晓安静地说完后挂断。

黑白闪回的画面一帧一帧地过滤，我只是愣在了那里，没有沉浸在原地。

……

我说好了会在长街的尽头等你，但是却只有血红的残阳陪伴。

……

你说好在长街的尽头等我。

二

八月底，廊城的天气闷到随时都能挤出水来，烈日和热风在一点点侵蚀掉我减肥的信念。“说好的瘦成一道闪电呢？”看到手机上赫然出现的假期最后一天的日子，我倒在床上全然没有起床的勇气。正想着要不就这么睡过去的时候手机响了，不用说这个点打过来的除了唐晓再无别人。

“干吗啊？”我把手机放在左耳有气无力地说。

“你知道吗？天哪，我快疯了！”唐晓明显一副花痴到恨不得立马把自己献出去的娇羞模样。

“是隔壁马大帅找你告白，还是楼下卖水的小哥儿跑到你家楼下搞浪漫了？”我添油加醋地挖苦唐晓。

“真是大好的消息！真的，丛薇！我保证！”唐晓竟然忽略掉我的挖苦，那一定是真的有什么正经的好事。“你知道新分的班你同桌是谁吗？！我跟你说，丛薇！你积了什么德啊！你竟然和廖晨同桌呀！”

“哦，廖晨……等等，是哪个廖晨？”

“废话，就是那个宇宙无敌的廖晨哪。”

情绪你别高兴得太快，等等我还没有反应过来脸红个什么劲儿，不就是和廖晨同桌嘛。

“不对，又不是你和他同桌，你这么为我高兴干吗？”

“因为他肯定不会喜欢你啦，所以日久生情这件事情就完全可以忽略不计，你说要是让一个大美女和他同桌，那还给我们留什么幻想的空间啊。”

“喂，唐晓，你这么说我很不开心，我也是个女生好吗？”

唐晓在电话那头轻声笑了："好了，明天见。"说完后便轻快地挂掉电话，像是刮完痧，身上的劳顿一扫而光。

"屁哦，什么叫不会日久生情。"我一边嘟囔着一边爬下床走到家中的穿衣镜前，眼前这个穿着肥大加菲猫睡衣的女生蓬乱着两天没洗的头发，肚子上的肉还能清晰地看到痕迹，我伸出手捏了捏脸上的肉，叹了口气又重新爬回床上。对啊，我也喜欢廖晨，是个女生就没有不喜欢他的，高一迎新生的晚会上，这个唱着摇滚版《映山红》疯狂到让整个会场充斥尖叫声，并且随后用一首安静的自创民谣俘虏了众多怀春少女心的男生，一直就处在学校风口浪尖的话题榜首，但是关于他的事情却无人知晓。

不知道我和他同桌这个消息，是不是很多女生想的和唐晓一样，不过也对啊，要是我的话也会觉得庆幸啊，谁不希望自己喜欢的男生身边永远都是又丑、又胖、又没有任何优点的女生，这样的话反而会受到很多人的喜欢。

"从薇吧，我是廖晨。"

我抱着厚厚的书走到座位前，廖晨已经早早就到了并且把桌面收拾得很干净，白色T恤、蓝色牛仔裤、黑色匡威鞋，头发像毛茸茸的软毛被主人认真地用发胶固定在头上，左手腕是一个白色手环，坐在第一排座位的里座，他就是我的同桌。

我尴尬地在廖晨的招呼声中坐下，有点脸红地不敢看过去："你好你好，我是从薇，请多多指教。"今天的气温足足有三十二摄氏度，但就是在这样一个闷热的天气里，我脸颊的热度已经远远超过空气的热度，今天很热吗？为什么我感觉不到。

"你是年级第一考进来的啊？"廖晨趴在桌子上笑眯眯地偏过头，看着正在手足无措乱收拾书本的我。

"啊，对。"

"那我很幸运啊，竟然和你同桌。"

"……没有没有，是我比较幸运。"

我已经能感受班上众多双眼睛已经严密地围拢过来。

“那以后就好好相处吧。”好在廖晨提早结束了这场尴尬的对话，他从桌子上起身，然后从书包中拿出一本厚厚的速写本和一支黑色的中性笔，趴在桌子上认真地在写着什么。我小心翼翼地伸出左手擦了擦额角细密的汗，这时廖晨突然传过来一张面巾纸，我吓了一跳，下意识地坐直身体看向他。

“额……你不是正在写东西？”我有点语无伦次，廖晨竟然主动给我递纸巾，原本以为会和这个传说中的冷面没有交集，没想到这个人却出乎意料地热情，甚至是有些讨好，难道是喜欢我？

“你不是出汗了吗？”廖晨笑眯眯地看着我说。

糟了，现在的我一定像一块红透的猪头肉，细看没准儿在头顶上还冒出一缕一缕白烟。

“嗯……你在写什么？”

廖晨转过头继续在本子上写着：“歌词啊，年级第一。”

我默默地转过头，快速地从书立中抽出一本历史书，然后很久都没有抬头。

唐晓趁着课间廖晨下楼买水的空当迅速地蹿进他的座位，然后在众多嫉妒的目光中趴在了他的桌子上：“喂喂，球儿，感觉怎么样？”

“什么怎么样？”我明知故问，一边应付唐晓，一边准备下节课的书。

“就是和廖晨同桌啊。”

“还好啊，就像和别人一样没什么差别啊。”

唐晓还想说什么的时候，廖晨提着两瓶水走到课桌前面：“不好意思，你坐了我的座位。”唐晓在一瞬间面孔泛红，讪讪地起身从我身边走了出去，还能听到她细小的嘲笑的声音，但是廖晨毫不在意地坐下，然后故意大声地说：“年级第一，麻烦你以后守住门，别随便让人坐我的座位。”

然后，他像是漫不经心地把另外一瓶水轻轻地放在了我的桌角上。

三

没想到廖晨的成绩好到可以和我这个死命学习的人不相上下。

成绩单下来的时候，我怔怔地看着廖晨的名字排在我名字下面。上语文课的时候，我破天荒没有戴上眼镜认真地跟着老师的节奏走，身边这个奇怪的人因为睡觉被老师叫起来回答问题，我没有趴在桌子上小声地告诉他答案，他被老师轻轻训斥一番后有些沮丧地坐了下来，我故意躲开他传递过来的眼神，直到下课铃响我直直地转过身正对着廖晨。

“喂，你是不是都是故意的？”

“啊，什么故意，我还想问你呢，上课是不是故意让我出丑？”

“上课那么简单的问题都要我帮忙，数学测验干脆拿着我的卷子抄，简单的英文单词还要我每次背给你听，文言文更别说了，你是不是故意耍我的？”

对啊，你每次都这样。同桌几个月，我的地图册都快被你翻烂了，托你的福，一个大西洋暖流和一个厄尔尼诺现象我都可以倒背如流，朝代更换的时间我甚至可以编成rap，你每次都是无辜地看着我把问题抛出来，看到我要抓狂，你就可怜地把厚厚的速写本拿出来让我看你新写的歌词，我单纯地以为你是因为真心爱音乐，每天都只是为了写词、写歌而忽略了文化课，甚至我还语重心长地把我爸教训我的话都搬出来讲给你听，只是过了两个月后的期中考试，你竟然不费吹灰之力跑到我的下面，或许是因为不好意思超越我，你才故意放弃一道5分的选择题和我拉开差距，这一切都让我羞愧难安，尤其是想到我曾经义正词严地和你说学习的重要性，现在想起来都不知道该如何是好。

“没有啊，我就是想让你复习复习，顺便检查你的准确度。”廖晨笑眯眯地看着我，有阳光从他身后的窗户漏出来倾泻在他的身上，面孔上短小的绒毛都是亮晶晶的，眼角溢出来的笑和日光不谋而合，在那么一刻我的心跳突然漏掉了半拍，一口气没有顺畅地接上后我开始大口地呼吸，廖晨轻轻地拍着我的后背：“是不是被我帅到了。”

“滚！”我怒斥地躲过他的手，然后警觉地离他一段距离，但是看着眼前这个人心口又莫名地软了下来，像是世间一切美好都与他有关。

四

廖晨要去参加选秀比赛决赛的消息在学校里传得沸沸扬扬，我从唐晓夸张的语言里听到这个消息后恨不得立刻见到他问个清楚，只是无奈因为高考的原因，从今天开始我们放十天的假直到考试结束后的第二天才恢复正常。

“喂，球儿！廖晨要成大明星了！”唐晓走在我身旁满脸桃花。

“人家成大明星和你有毛线关系。”情绪好像有了一些变化，像是被人碰倒了一瓶尘封的老醋，酸涩得好像要把眼泪逼出来，所有的疑问会聚到一起被整形切割后只剩下一个最大的疑问，为什么偏偏是从别人口中知道这个消息，为什么你从来没和我说过。

与唐晓在单元门分开后我快速地跑回家，从书包的里层掏出记作业的本子，背面的第一页是廖晨亲自写上去的手机号码。我把自己关在房间里，呼吸还没来得及调匀整，十一位号码就拨了出去，可是却在等待的过程中大脑瞬间空白，糟了，我要对你说什么呢？

“年级第一，有何贵干啊？”廖晨好听的声音很快就从电话的那头传了出来。

“啊，廖晨，我是丛薇。”说话有些结巴，脸也通红，不过还好，你只能听到我还算镇定的声音。

“我知道你是谁啊，还正想打给你，”

“打给我？为什么？”

“我要去参加决赛，主办方说可以带一个助手一起去，来往路费和吃住全包了。”

“……喂，你又在耍我，”

“怎么会呢？就是在这十天的假期里，也不会耽误到你。”廖晨的语气有些焦急而认真，像是他零碎的刘海，随时都能渗出日光。

“……我不好吧，你看啊我什么都不会，根本就帮不到你什么。”语气有些气馁但是相当想去，你能听出来吗？

“就这么定了，你和叔叔阿姨把情况说一下然后晚上把东西收拾好，明天上午八点我来接你。”

“喂，这样真的好吗？”

“有什么不好，我觉得你行就好了呀。”

“那好吧，再见。”

“对了，你打来有什么事？”

“没有……”

“不是吧，刚分开没多久就开始想我啦。”廖晨戏谑的标志性语气又上来了。

“你少自恋，我的男神可是莱昂纳多，赶紧挂了吧，我去收拾东西了。”强制性地把电话挂断后，我坐在地上捧着手机，五分钟？十分钟？大概过多久都没用，因为大脑中只有一个想法，除了成绩能拿得出去以外，凭什么就是我要和你去参加那个比赛，喜欢你的女生可以组织十几场足球比赛，漂亮的姑娘都在想方设法接近你，除了耍我想不出你有别的意思。

过了不到十五分钟，短信提示音响了，我匆忙地打开，是写着我和他名字的机票，身份证号大概是前一段时间采集信息抄下来的，登机日期是明天上午十点，紧随其后的一条短信是：“时间、地点千真万确，但愿你也是千真万确。”

……

五

回到窄小的宿舍后，我哆嗦地把湿透的衣服换下来，整个人缩在被子里战战兢兢缓不过劲来。手机里廖晨的号码还是原来的11位，已经好久没有联系过的人不知道是不是早就带着更换的标记从生活中消失了，压抑不住心中的冲动后，我小心翼翼地发了一条短信过去：“今天在music radio中听到你的歌，祝贺你。”

睡了一下午，手机都没有响，他果然是换了号码。也对，我到底在想什么？晚上一个人无聊地跑到学校外面的小店吃了盖浇饭，回来后洗了澡，宿舍里的姑娘只有我还在学校，从堆积的碟片中选出一张没有看过的影片，却不小心把一张珍藏的碟掉在地上——《一天》。选择忽略情绪拿着碟片爬上床，光驱开始发出噪音读碟，手机却在这时响了。

廖晨。

惊喜。踌躇。难挨。愤怒。

悲伤。不安。害怕。认输。

“喂？”声音有些颤抖地接了电话，避免暴露掺杂太多容易泄露的感情。

“丛薇？”廖晨有些试探性地叫出了我的名字，

“嗯，对，是我给你发的短信。”还是不甘心地在这句话中小心眼地强调出了主谓宾，是我主动联系的你，在分别以后的两年我们再次相识，是我主动的。

“呵，”廖晨轻轻地笑出声来，“我知道是你，下午很忙，也没来得及吃完饭就去参加了一个电台节目，现在才结束准备回家。”声音里是藏不住的疲惫，却还是像曾经一样清冽的质感。

“真的是你，我听了那首《长街》，词写得很棒，曲子也很棒。”

“必须啊我可是大才子。”廖晨开了一个玩笑想要打破我们之间的尴尬，我配合地干笑了两声外再也不知道说什么，短暂的沉默后廖晨首先试探地问：“你在哪儿？”

“离你很远的地方。”

“挺好的吧？”廖晨明显心虚地问。

“托你的福还没死啊。”

“喂。”我已经能想象他皱起眉头的样子，

“开玩笑了，很好啊，现在在实习，不出几个月就要毕业了。”

“那就好，那什么，有时间去看你。”

“嗯好，有时间我去给你加油。”

怕廖晨说出那句再见，我匆匆挂掉电话，在还能给自己留余地的空当尽可能做到不是颜面尽失。我们离得太远，就比如现在在你身边坐着让你连一句想念都说不出口的人，我也有着让我说不出想念的自卑。

六

《一天》是我们一起看的影片，2011年我大一，廖晨已经是签约一年的艺人歌手。

疯狂的毕业礼上发生的老旧段子，喝得醉醺醺的Dexter为了寻欢找到了戴着一副眼镜的Emma，两个人阴差阳错地发生了关系，而在此之前Emma已经知道这个叫Dexter的帅气男生，所以在这样一个夜晚来临的时候，Emma或许已经爱上了他，或许Dexter也对Emma动了情，依旧是相爱却不能相守的故事。看完后，我们坐在廖晨家的地板上不约而同地沉默地看着黑掉的屏幕没有说话。

过了几分钟，廖晨轻轻地把手搭在了我的肩膀上，我转过头强装微笑地看着他。

"所以我们也会这样，对不对？"我故作开心的语调让廖晨皱了眉头，但是他却找不到任何一句能够反驳我的话，除了死亡外我们活得鬼鬼祟祟，但是还想要这样苟且地继续。

"那首《你还是走吧》，对不起，我不知道会这样。"廖晨轻轻地把头靠过来贴住我的头，但是我却心灰意冷地闭上了眼睛。

《你还是走吧》这首歌的词是我给他写的。高三毕业的那个暑假，廖晨按照比赛合约与那家主办选秀比赛的公司签了约，为了庆祝我熬夜给他写了这首《你还是走吧》的歌词。几天后，廖晨将词谱好曲交给了公司，但最后公布的作词者却是公司强硬安排的一个人，一个已经签约却红不起来的独立音乐人，而这个人一开始还与廖晨传出过绯闻。廖晨为此和签约公司大吵了一架并且扬言要解约离开，但是当公司漫不经心地把违约金的数字通过律师表达出来后，他却也只能忍气吞声。我看着他对此无能为力，心也变得很累。

"没关系，受欢迎就好了。"我知道这个圈子有太多不为人知的规则和约束，只是没想到自己也会被卷入其中，还牵扯到自己心爱的人，"如果以后出现的事让你越来越无法控制呢？"我靠在廖晨的肩膀上问出这句话，但没能等到一句正面的回应。

在《一天》的结尾，Emma出了车祸死于非命，我却因为人为而死了灵魂。

一年后，我和廖晨夜晚约会的照片被小报登出，公司顺势为廖晨的新曲做宣传，把同公司的一个还算有名气的女生与廖晨绑定在一起炒作，于是这则报道就成了被炒得沸沸扬扬的廖晨与同门师姐的恋爱绯闻，而我只能躲在廖晨的保姆车里，靠在他的肩膀上听他唱《你还是走吧》，“一天一天，世界在癫狂，我一笔一笔划着你的名字，在夜雨初上；一天一天，城市在消亡，我一下一下擦除你的样子，眼泪在疯狂……”

所有的借口都成了正当的理由，所有的分别都有了可笑的桥段。廖晨无能为力地看着我，就像三年前第一次相见时，他看向我时的无辜眼神。所有的光芒背后都会有一个沉默的影子，而我毅然地选择了成为廖晨背后的影子，像东野圭吾笔下的《幻夜》：“我们别无选择，只能独自在黑夜中的道路上前行，即便四周如白昼一样明亮，也只是不真实的白昼，对此我们早已认命。”

从那次风波以后，廖晨作为90后独立音乐人开始慢慢出现在人们的视野中，他开始有了庞大的全国粉丝后援会，有了爱他爱得死去活来的小女生，有不停的恋爱绯闻猜测。而对于这些，唐晓只对我说了两个字——“何必”。我坐在唐晓的对面除了傻笑不知道还能有什么表情，手里的冰水已经被身体的热度一点点融化掉，小小包间里的灯光昏暗，心口一阵阵发紧却始终不停地抬起头把将要掉下来的泪水吸回身体，悲伤快要把自己掩盖却找不到好的方法躲避：“我快撑不下去了怎么办？我是一个小气的女生，仅此而已的一个普通人，但是他太闪耀了，闪耀到我快失明了。”

“你何必这样对待自己？总要活啊。”唐晓漫不经心却实在至极地说。

“对啊，我何必。”我苦笑着把手中的冰水一口喝完，心口瞬间被冰冻也就无所谓炙热的执着。在娇嫩的青春年少中，我何必要成为他身后一个永远没有光圈的影子；何必在想要男友关怀的夜晚，一个人苦苦在图书馆打拼；何必对父母不断的催促只说句我不想要男友的冷漠；何必在三周年纪念日靠着听他的电台直播节目聊以慰藉；何必每次对待他的绯闻都做到心如止水、波澜不惊；何必生怕打扰他的情绪却丝毫没有为自己考虑一次。所以在廖晨欢喜地坐着夜车裹得严严实实来学校找我的时候，我只留下一份《你还是走吧》的手写稿后不再留恋。

我听说你离开得匆忙
没有再见也心胸坦荡
夜班公交在城市流浪
开到久远的无人雨巷

他撑着伞在徘徊张皇
她披着丁香走过身旁
我看到他们彼此张望
下一秒却被夜雨砸伤

一天一天 世界在癫狂
我一笔一笔划着你的名字 在夜雨初上
一天一天 城市在消亡
我一下一下擦除你的样子 眼泪在疯狂

如果听说你曾为我们的未来渴望
如果听说你曾为我们的过去向往
我情愿一块一块割掉跳动的心脏
但是你还是走吧 我来为自己收场

你说这座城市在隐藏
等到雨天才坦露模样
所以才会丢掉了张扬
独自一人走上了小巷

站在街角却只想逃亡
你给的雨伞让我恐慌

摸不到你温暖的面庞

不如让手腕描绘天堂

七

陪夺得冠军的廖晨回到学校后，我和廖晨在一起的消息不胫而走，和他走在校园里恨不得披上一件隐形斗篷来躲避投过来的恶狠狠的目光，但是廖晨却毫不在意。

我只知道我们爱得平凡，没有华丽到浓郁的词句蜜语；我只知道我们爱得浅显，没有海枯石烂、没有山无棱天地合；我只知道我们爱得干脆，没有拖沓暧昧、没有相互匿藏；我只知道我们爱得直白，没有抹不开的情面、没有放不开的场合；我只知道我们爱得简单，没有功利目的、没有旁人的颜色。但尽管如此清晰却依旧有浓到化不开的悲伤和错失感，每次看到他趴在桌子上睡觉的时候，看到他被老师提起来问问题的时候，看到他拉着我回家的时候，我总在想，或许上帝嫉妒我，所以偏偏要让我的感情在第一次就要浓烈到爆炸，以至于后来干涸到没有了色彩。

“来，咱们分析一下为什么日本这个岛国缺少淡水呢？”地理老师在一次复习课上问出了这个问题，碰巧廖晨在这节课是清醒的，于是他无厘头地说：“因为日本女生多啊。”地理老师显然很不满意在他看来是扰乱课堂纪律的廖晨，刚皱起眉头想要发火，廖晨却自动站起来认真地回答：“因为丛薇每天要喝很多水啊，所以以此类推日本缺淡水就不足为奇了。”这样没有根据开玩笑的结果就是廖晨被请到教室外罚站，最不能理解的是，我也成了被罚站的对象。站在楼道里的时候，廖晨看到我站得笔直，蹲下去轻轻地敲了敲我的双膝：“傻子，你就不会偷工减料吗？”等到他抬起头看向我的时候，我已经因为委屈流下了泪水：“从小到大就没有丢脸到被老师要求到外面罚站，今天却因为你的玩笑话。”我压低声音向蹲在地上的廖晨反抗，他看着我的眼睛愣了一会儿后站起身，缓缓地把我抱在怀里："对不起，以后绝对不会再让你哭了。"

八

"希望你以后，有困难第一时间还能想到我。"挂掉电话后我看着廖晨发过来的短信，努力想忍住不哭但还是懦弱地哭出声来，想到你又能怎样呢？你不会在我身边抱住我，不会第一时间为我解决问题，连你自己的生活你都把控不了，我又能怎样要求你对我的生活负责？或许一开始我的选择就是错的，我看到你走上这条路后却依旧不顾一切地把自己往深渊里推搡，当情绪和身体不能腾挪半步时才晓得最初我们的样子，而这一切都已经被焰火焚烧，我们没有根基的生活，最终都会飘零。

"孩童的嬉闹在旁人的零散中都失去了声响，为何单单我和你是荒原不生，你陪我看一个日出，我陪你一个回忆不老；我说好了会在长街的尽头等你，但是却只有血红的残阳陪伴，它们哭泣在浓雾弥漫的早街，蹲下来牵住我回忆封藏的盛宴……"

电台里的背景音是这首《长街》，DJ在认真地和廖晨做着访谈。

"这首《长街》的创作初衷是什么呢？"

"写给一个人，也是我最幸福的一段过去。"

"是不是女朋友呢？"

"嗯，是在我没有出道前就在一起的女生，但是后来有很多原因我们分开了，相比她而言我是一个懦弱的人。"

"所以可以理解为是为前女友写的歌？"

"对，我最爱的女生。"

手机上还显示着廖晨二十分钟前发过来的短信："一会儿听节目。"所以我听了，在一个没有艳阳的下午，在肆虐的热烈的夏风中，我终于听到了来自你的肯定，泪水滂沱模糊了时空的距离，就好像你坐在我对面微笑地看着我，现在的你已经可以强大到无所顾忌地坦露曾经努力隐藏的爱情。如果我熬过了那段时期，会不会现在就会不一样，是不是我放弃自己的光明苦苦在黑暗中等着你回来，现在你就会继续在我身边。

二十三岁，我一直在游荡，期待着浅薄生命的苦难并愿意甘之如饴。但感谢上天让我曾经骄傲地拥抱过你，突然想起我们在一起两年时你和我说过的“我爱你”，就像是我的房间中突然铺满阳光，明亮得不留一丝缝隙，当时的你太认真，认真到我对你的字字句句信以为真。我想用一些什么来掩饰这日甚一日的深情而生怕你的嘲笑，时光流动在你黑黑的眼睛里，满脑子想到的都是你投在夕阳下的剪影，被日光切下一半的影子遮住了我眼前的光景，你偏着头看着我，嘴角轻轻地上扬，眼睛带水，流光四溢，我说你有比姑娘都水灵灵的眼睛，最后是被你的一句幼稚概括了全部。

廖晨，这就是骨子里的你，我极其想念但惧怕难耐。你说好在长街等我，只是你提前转了街角，十字路口的红灯明明灭灭，你站在街角对面悲伤地看着我，或许，我和你的世界本来就没有绿灯，只剩下清醒的血红，燃烧了整条你在的长街。

某年某月的某一天 文/丁好好

将旧日的物品收集起来打包：菜谱、书籍、CD、窗花、画纸，还有那盘未拆封的五子棋，一一归类，收好，然后在一个晴朗的清晨，悄然离开。

某年某月的某一天，女孩的脚受伤了，一个人待在空空的房间，很寂寥。窗外是飞扬的风，空气里漂浮着木槿花开的清香。抬头望去，可以看到大片的云朵在风中行走，像一群与世无争的诗人，美却无法触及。

她不知道怎样打发这些零碎的时光。看杜拉斯的小说，听贝多芬的《第六钢琴曲》，还对着镜子一人空洞地看着自己脸上露出的各种表情，一切都显得苍白无力。因为没有生机，所以她无法从这些冰冷东西中找到让自己眼睛发热的出口。

她从抽屉里掏出一些旧信和日记，坐在流淌着阳光痕迹的沙发上，随意地浏览起来。她想起一些人，初中同桌、旅行中的朋友、流浪歌手等。他们像刻在某段心情上的纹路，清晰却无法挽回，仿佛是一瞬间发生的事情。

日记里掉出一张洁白的纸片，她拿在手里。原来是一个号码，但没有姓名，纸张泛黄，显得年代久远。她眯起眼努力地回忆这号码的来源。最终她决定拨过去，或许是自己曾经要好的朋友，她笑着想到。

电话响起的时候，男孩正在一张弹性十足的床垫上蹦蹦跳跳地做体操。他很宅，生活中除了房间和一些每天必须要上交的专栏文章，他不知道生活还可以如何，但他习惯了一个人，习惯自己吃饭，自己睡觉，自己在一张洁白的纸上画下流泪的烟斗和星光下沉睡的猎人。

他不知道什么叫寂寞。

他曾在一篇叫作“我不知道世界发生了什么”的文章里写道，因为一个人，因为没有提醒与关爱，所以我能像黑暗中自由生存的植物，尽情呼吸，无关世界，安静地让自己发霉。

他从一些破旧的衣服和报纸堆里找出手机，迟疑了一下，然后按下接听键。

“喂，请问你是谁？”电话那边是一个女孩的声音。

“嗯？”男孩有些惊讶。你打过来的电话，却不知道我是谁？

电话那头传来沉默的呼吸声。然后女孩说：“我的脚受伤了，需要一个人来照顾我。”

男孩几乎没有思考地说：“我去照顾你吧。”他不知道自己为什么这样说，或许他从来不知道自己已经很寂寞，像某种缓慢恶化的疾病。

男孩租下了女孩隔壁的房间。

女孩为男孩开门的时候，男孩直接就走了进来，转身的时候看到女孩大而漆黑的眼睛，仿佛记忆中某种似曾相识的回溯。他说：“你应该多做运动，这样才会好得比较快。”女孩的声音很沙哑，但从她憔悴的面容上可以看出，她并不快乐，似乎有某种忧伤潜藏在她体内，无从溶解。她说：“没关系，有你在，快乐会胜过各种运动，因为你有我熟悉的笑容。”

男孩涩涩地笑了起来。这时的阳光透过玻璃，挥洒在人的肌肤上，破碎、游弋，像某种温暖的绽放。

他告诉女孩他住在隔壁，如果她需要帮助，就敲隔在他们之间的那道薄薄的墙壁。敲一下，就是饿了；敲两下，就是无聊；敲三下，就是有急事。女孩为男孩的创意拍手，十分兴奋，原本憔悴的面容上渐渐泛出一种雨后天晴的光泽。她觉得男孩很善良，而自己终于可以暂时不寂寞了。

一种莫名的幸福感让她觉得生活开始走向阴霾后的美好。

男孩很温柔，也很细致。他总是变着花样儿地给女孩做菜：烩什锦、干煸三丁、干椒豆豉、金钱土豆，都是女孩爱吃的。有时候他也会在黄昏的余光下，给女孩画一张卡通肖像，抑或是在寂寞的夜晚，给失眠的她读上一段海明威的《老人与海》。

生活在这种稳稳妥妥的自由中缓慢移动。渐渐地，女孩对他的这种变着花样的照顾有了倦怠。有一次，他甚至在男孩的交谈中看着窗外的一对恋人行走、打闹，陷入了遐思。她对男孩的声音已经没有了沉迷，她更渴望那个透明玻璃外的世界，渴望鸽子、鲜花，还有拥抱，渴望一种叫作爱情的东西。

但她并没有开口。

但是男孩却从她漆黑忧伤的眼睛里看出了某种期望。他觉得女孩需要更加丰富的东西，像孩子逐渐成长而来的厌食或者倔强。于是他反复想象，终于在那天下午从他讨厌的世界里买了栀子样的窗花和一串随风摇摆、发出清脆声音的风铃。

他将雅致的窗花贴在玻璃上，将那串风铃垂吊在微风前来的玻璃框上。这样一来，春风的身影再也无处躲藏，它们一掠过，便留下叮叮当当的余韵。而此时的女孩也从这自然的声音中，露出淡淡的微笑。男孩觉得他将一种美好的东西安在了女孩的眼睛里，像美丽灯笼里的蜡烛，光亮了起来，灯笼便在黑夜中不再寂寞。

夜晚，男孩从自己的房间听到了隔壁女孩窗外的风铃声。一天、两天、三天……他数着来到这里的日子。他感到自己已经喜欢上了这个女孩，他希望她马上好起来，然后他们能够一起手牵手，看看外面的世界。

想着想着，他就觉得生活似乎以某种美丽的姿势开始成长，或许那种叫作寂寞的东西并不真实，而自己应该出去走一走了。

一个清晨，男孩突然被女孩连续三下的敲墙声惊醒了。他无法想象女孩发生了什么事，这是他来到这里第一次听女孩敲三次墙壁。他顾不上换好衣服，飞奔出门。当他气喘吁吁地站在女孩面前时，女孩说："我很无聊，很无聊，怎么办？"

男孩坐下来，想了一会儿，然后看到女孩桌子角落里的一副五子棋，说："我们下棋吧，它是治疗寂寞的最有效的方法。"

女孩再次笑了起来，她似乎把男孩的想法当成了某种奇妙的依赖，像某种沉睡了一冬的雏花，春风一来，便开得似火一样耀眼。

从学会走棋到真正的作战，女孩学得很快。但对于熟练的老师来说，她的雕虫小技显得如此单薄无力。她常常一盘棋局走到半道，重新悔棋，或者趁着男孩上厕所的时间偷偷变换了棋子的位置。

这一切，男孩其实都知道，但他喜欢看着女孩因为一盘棋局的胜利而笑靥如花的容颜，尤其那双大而漆黑的眼睛，似乎因为这种简单的游戏重新焕发了光彩，像某种沉睡良久的苏醒，很动人。所以他让着她，一次，一次，又一次。

快乐的时光飞快流走，在他们指尖，也在这个茂密世界的繁华中。

直到有一天，女孩的脚好了。

行动自如的女孩像一只从笼中放飞的金丝鸟，她快乐地拥抱自然，拥抱外面繁华的世界，踏春、访友、参加派对，在春风中自由地呼吸这个世界的生机勃勃。

但她忘记了与她曾朝夕相伴的邻居。

而男孩依然守在那里，只是他再也听不到那扇墙壁传来的咚咚声，飘荡在耳边的总是那早晚一次的开门声与关门声，很冰冷的声音，像是某种残酷的告别。

但是他已经无法抑制内心对女孩的思念与牵挂。终于有一天他决定向女孩表白——他要告诉她，她是他的初恋，也是他成长到今天唯一爱上的女子。他梳妆打扮，在一身得体的休闲西服的口袋里别了一只红玫瑰，然后带上一盘新买的五子棋去了女孩家。

开门的是一位高大英俊的男子，短发留有胡须，他问："请问你找谁？"男孩迟疑了一会儿，然后礼貌地离开了。

他明白了，一切都明白了。而那个陌生男子的身份也从一刹那对视的光景里有了答案。他将旧日的物品收集起来打包：菜谱、书籍、CD、窗花、画纸，还有那盘未拆封的五子棋，一一归类，收好，然后在一个晴朗的清晨，悄然离开。

时间倒流，回到了几个月前。

女孩与那个英俊高大的男人吵架的那天，天空下起了一场大雨。女孩倔强地一个人跑到暴雨覆盖的街道上。她穿着高跟鞋，逆着冷雨的线条往前奔跑着，结果在一条泥泞的水沟里崴了脚踝，一个人带着眼泪趔趄地回到了小区。

然后在寂寞与忧伤中，她遇到了那个男孩，直到现在她一个人从孤单的梦中醒来。

那个高大的男子终于还是与自己分手了。破裂的爱情真的无法拼接在一起，像破裂的镜片，很疼惜但无能为力。

她一个人倚靠在窗前，看到窗外的草地上有一对孩子在玩五子棋。那个女孩像自己，很笨，总是悔棋。而那个乖巧温顺的小男孩总是一次一次地让着她，他们在一种愉快的笑声中慢慢地与时光并进，慢慢地成长。

这时她似乎想起了某个遗失很久的声音。她走出房间，快速地朝隔壁的房门奔去，用力地敲门，但是无人回应。与此同时，她又想到那张写着号码的纸条，于是再次迅速折回房间，打开抽屉，在日记中来回翻腾，可是那张纸已经模糊不清，再也看不到数字了。

这时窗户被风推开，传来了门框上那串风铃的声音——凄切、温柔，像她的那双大而漆黑的眼睛一样，永远忧伤。

某年某月的某一天……

PART 10 善良的心愿

他与她 文/ 李娜

让风雪埋葬一切，在曲终人散之前。

【他】

他说：“我爱她。”

朋友们都会问：“你到底喜欢她什么，这样默默地为她付出？”他挠挠头笑着说：“我就是喜欢她啊。”朋友说那就去表白啊。他放下挠头的手，然后沉默。

他也想去表白，像那些正在恋爱的情侣一样表白，然后牵着她的手。可是，他却不能。

每次他都会习惯性地在便利店买两杯冰镇可乐，其中一杯是希望给她的，他在想未来的某一天，她会和他一起坐在这里喝着这杯冰镇可乐。有时候他甚至会想，是不是在未来的某一天，她会接过一个男生递给她的温暖的奶茶然后开心地笑，他知道那个男生或许不会是他。

他在每天下午第三节课下课之后的大课间，去学校操场空旷的台阶上坐一会儿，因为那时候他会看到她和她的朋友在操场上散步，然后他会看着她轻轻踩着小草走过跑道，穿过整个操场去那几棵早已经经历了很多风雨的老榕树那里站一会儿。在上课铃要响起的前两分钟，她会沿着台阶从他的面前穿过操场回到教室，他会看着她消失在学校小路上细碎的人群中，然后在上课铃响起的时候他站起来走向教室，从她刚才走过的小路上走过。

他知道她喜欢听哪个歌星的歌，然后他就会在宿舍里跟着MP3学着唱，虽然每次都会被室友骂。他记得她看过的每一本书，甚至她喜欢那本书里的哪一句话，有时候他都不敢相信他的记忆力是如此好。朋友说：“你是一个执着的疯子，又或者是一个傻子。”

是啊，就是一个傻子。他有时候也会这样想。为什么不去表白呢？告诉她，他喜欢她。

他会在每个周末的时候去县城里唯一的一家书店，他会坐在最里面的角落里，然后等着在固定时间出现的她。他知道她会走到她喜欢的那个书架那里，看着她一遍遍地翻着那些书然后将它们放回原处。她看过的那些书，他也看过，她喜欢的，他也喜欢。

他会买一些白纸，然后写一些文字，有些他也不会明白的文字。朋友们笑他：“你写的东西连你自己都不明白你还写它干吗？”他不知道该怎么回答朋友，他只是觉得有些东西需要记录，就像他爱她。

他开始给她写第三封信，他安静地写着那些文字，那些只属于她的文字。他翻开写给她的前两封信，那些文字被他抄在淡蓝色的信纸上，然后整齐地折叠好放在信封里，信封上面有一只安静的猫咪，他想，她就是一个像猫咪的女孩。

她曾经告诉他，不要轻易说爱。他一直记得这句话。

他记得她经常去校门左拐的街角的那个简陋的小饭店里吃一碗米线，那里的老板人很好，他在那里吃过一碗，坐在她坐过的位子上，点了一碗她一直点的米线。他放了很多老醋和辣椒，他喝光了碗里所有的汤。

在她坐在学校阅览室里看书的时候，一般他也在，他会翻着一本杂志，然后抬头看着安静看书的她，很多次他都想过去和她打声招呼，然后和她一起聊一聊，就像他和她在每一个夜晚的晚安那样。可是他没有，他害怕去打扰她。她是安静的，他不应该去打破此刻的安静。他这样想着。

每天下课的时候，他会看到她和她的朋友一起笑着走过他旁边的窗户，然后转过楼梯。他就坐在窗户那边，听着她的声音消失在楼道的尽头。

他不知道她是不是喜欢过他，当然这也只是他的想象而已，或许她从来就没有在意过他吧。比起她周围的那些朋友，他是那么微不足道。

朋友问他："你爱她吗？"

"我爱她。"他认真地对朋友说。

可是我却不知道她爱不爱我。

或许她是不爱我的。他这么想着。

【她】

冬季大概又到了，寒意一波一波席卷而来，埋了温暖，葬了色彩，扼杀了一切该有或不该有的期待，满目的萧索不知算不算是一种原罪。与心灵契合，诸行无常，至死不休。

我看过太多有关爱的词句，风花雪月如镜花水月，相守相依既难又易。太多的离合悲欢使人麻木，我无力用自身去验证这个话题，这让我感到羞赧。所以我只能远远观望，用距离守住一份存在。我觉得自己像一个傻子，在这个话题里被画地为牢的傻子。

画一方禁地，囚己于无期。你不必恋恋，我也无须心急。

我是个极端的人，对温度也不例外。便利店里空调吹出的暖风让麻木的手指渐渐有了知觉，我看见身旁一对一对的情侣进进出出，热奶茶售出一杯又一杯，甜腻的味道弥漫在空气里，氤氲的空气温暖着形形色色的人，成双成对的人们各自擦肩。"一杯冰镇可乐。"我听见自己的声音不带感情地吐出，带着一丝丝寒冷季节里本该有的颤抖。店员诧异地看了我一眼，然后低声说了句："请稍等。"我扯出一个大概很僵硬的微笑，忽然记起他问过我何必这样逃避温暖。那个在心底百转千回最终被封锁的答案从脑海里冲撞出来——比起漫天的寒冷，我更怕稍纵即逝的温暖，当我习惯后再被无情地夺走。

所以我宁肯不要开始，不去习惯。人有时就是这样口是心非的物种，在自我矛盾里纠缠一生。冰镇可乐的凉意从心底升腾，一点点贯穿至全身，有时候清醒只需要一种温度，那便是失去温度。我多想有一天他能用一杯热奶茶换掉我手中的可乐，用一种不容拒绝的霸道姿态。但他大概也是一个习惯寒冷的人，所以我注定得不到想要的温度。他大概并不爱我，因为他每次都会点两杯冰镇可乐，然后静静地等着他的她出现。他是否也像我喜欢他一样喜欢她。罢了，他一定不爱我，我又何必用大概来自欺欺人。

我依旧会在每天下午第三节课下课之后的大课间，拽着朋友去操场上散步，然后踩着枯黄的小草走过跑道，穿过整个操场去那几棵早已经历了很多风雨的老榕树那里站一会儿。每次他都会坐在操场空旷的台阶上，落寞与人群的喧嚣形成了强烈的对比。他不知道我只是想远远地看他几眼，他不知道只有老榕树那里才能隔着操场和他对望，以这样带着漫长距离的姿态。他不知道当我沿着台阶从他面前走回教室的时候，每次都在幻想他会不会从细碎的人群里目送我回去，我也明白这是幻想，他一定在找那个女孩，那个在便利店里他买好冰镇可乐等待的女孩。

朋友每次都会催我去表白，用一种恨铁不成钢的心情，咬牙切齿又束手无策。我戴上耳机，熟悉的旋律淹没了人潮中所有的嘈杂声，一遍又一遍冲击着耳膜。“Tomorrow I will lose the one I love.” “明天我将丢失我唯一的爱。”我记着他随口说过的每一首歌、每一本书，一遍遍地听，一遍遍地读。我的记忆力不是很差吗，为什么对这些记得如此清楚?

为什么不去表白呢，告诉他我喜欢他?没错的，我终究败给自己的怯懦，只能用距离产生美来逃避一场幻灭。这样也好，我本就是个固执的傻子。傻子怎么会得到爱情?

我又何必碎碎念着期待着什么?

我会在每个周末的时候去县城唯一的一家书店看书，他总是坐在最里面的角落里，安静地听着歌，与世无争，宛如天外之人。我承认我只是想见到他。每个月我都会去翻学校的杂志，里面有他的专栏，我用手指摩挲过那些带着油墨香的字，想体会他写下时的心情。每个月他都会推荐几本书，写下感悟。我发疯一样在书架上找那些书，一遍遍地翻看后放回原处，安静的文字如同他安静的性格。他喜欢，我也喜欢，这样就好。

我买来一个日记本，漆黑的夜空下只有一只安静的猫咪。他曾问我是否爱猫，我惊讶于他的敏锐并且点头承认。可他不知道，我爱的是猫的警觉和独立行走。不依赖于他人，便不会被他人所伤。世人赋予它们的神秘感只是掩饰逃避的最佳借口。我又写完一篇关于他的日记，日记本封面上的猫，那漆黑的双眼与我长久地对视，让我恍惚有种被吞噬的错觉。

他曾对我谈起爱，大概是因为他一直等待的那个女孩吧。我有时会想究竟是怎样完美的女孩才会让他如此喜欢。我对他说不要轻易说爱，也许是对他说，也许是对自己说。这世界的情感太易碎，朦胧才是维持它的最佳药剂。

一灯如豆，一夜梦长，不如一杯苦茶让人清醒至死。

我经常去校门左拐的街角的一家简陋的小饭店吃米线，我是一个极端的人，这极端也同样包括味觉。我会放很多辣椒和醋，然后喝光碗里所有的汤。店老板是个很好的人，每次都会送我一杯冰镇可乐，我咬着吸管的时候总在想他喜欢的她大概是个精致的人，会点一碗粥，然后小勺小勺地喝着，不像我这般在极端里过活。

我坐在学校阅览室看书的时候一般他也在，我偶尔抬头看他的时候他会安静地翻着一本杂志，耳机里播放着我听过或没听过的歌曲。我想过去和他说说话，然后聊一聊，就像每个夜晚的晚安那样，可我只能说句晚安，怕扰了彼此已经习惯的距离感。罢了，他是如此安静，我何必要用聒噪使彼此尴尬。

每天下课我都会和朋友走过他旁边的窗户，然后转过楼梯。我刻意笑得很开心，我想他也许听到我的声音会多注意一下我，甚至会抬头目送我离开。我不是个活泼的人，但是我却想用笑声去感染他。

飞蛾扑火，自取灭亡，不过是命运。

我不知道他是否会想起我，这大概是一种幻想。他在意的，只会是那个让他在便利店点好冰镇可乐等待的人，让他在操场上落寞地注视着的人，让他在耳机里单曲循环她爱听的歌曲的那个人，可那个人，永远不会是我。在他的世界里，我是那么微不足道。

朋友问我："你爱他吗？"

我不轻易说爱，可我听见自己的心底有一种声音呼啸而来。

我无力抵抗，我承认我大概是爱上了他。

可他一定不爱我。

那就这样吧，让风雪埋葬一切，在曲终人散之前。

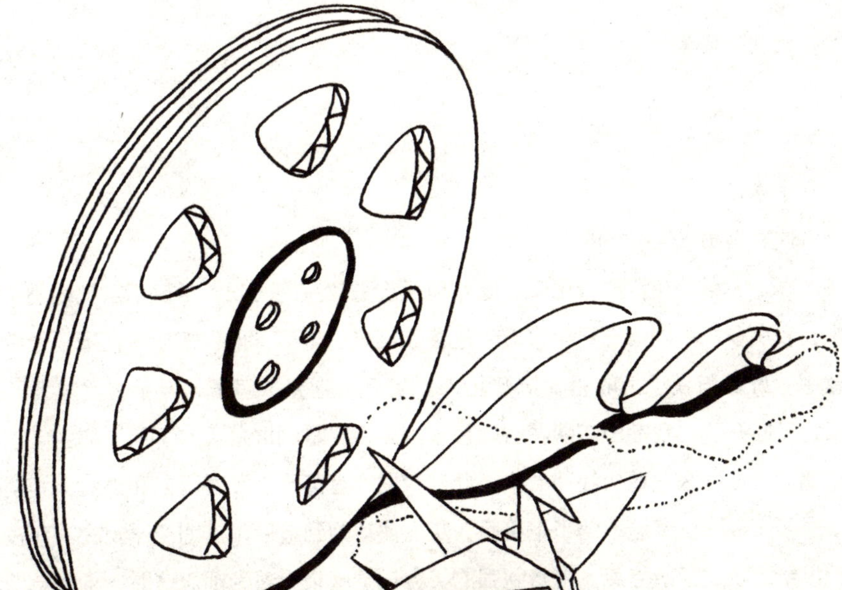

善良的愿望或倒放胶片的感觉 文/周宏翔

一件蹊跷的事。

【骆斌】

这确实是一件蹊跷的事。

周一大早，在我提着豆浆、吃着包子走进教室的时候，手机不自觉地响了起来，我实在找不到第三只手来应对这突如其来的电话，但它却没有丝毫要停歇的意思，好像与我手上的早餐抗衡起来。我三下吃完了包子，伸手去接电话，结果它又断开了。我嘴里嘟囔着吞咽包子的声音，看到屏幕上“丁凯”的名字，我正纳闷，他这么急着找我什么事，此刻我发现老师已经叉着腰站在讲台上等候我多时了，我不好意思地赔了个笑脸，灰溜溜地跑到最后几排的空座上去。我按动手机给丁凯发了条信息，带着勉强的笑容托着脑袋望着老师。这时，丁凯急匆匆地从前门进来了，手上的书乱七八糟，头发也跑乱了，他向老师笑笑就看见了我，立刻坐到我旁边来。“怎么了？看你这么急……”他喘着气，刚准备开口，老师就清了清喉咙：“后面迟到的同学注意下组织纪律，如果不想来上我的课，回寝室睡觉去。”自大二后，所有人上课变得越来越懒散，迟到、早退、逃课都变成了日常生活中一些必然发生的事情。老师开始背过身去看幻灯片，丁凯立刻凑到我耳朵跟前，小声说道：“给你说件事，王浩洋被通报批评了！”我的嘴张成圆形的程度与丁凯翘眉的角度成正比，我开始怀疑这件事的真实程度：“怎么可能？”我的声音差一点就高过了老师的声音，我立刻捂住嘴巴，低下头：“怎么可能？谁都可能被通报批评，但是王浩洋绝对不可能。”丁凯说：“可是，楼下的展板上就用黄纸贴着，白纸黑字，路过的人都看见了啊。”我开始搜寻王浩洋的身影，关键是，我没看见！这是以往绝对不可能发生的事，学习成绩专业第一，拿国家奖学金，上课第一个到，下课最后一个走，没有不良记录，不抽烟，不喝酒，没有不良嗜好，老师喜欢的好学生，居然被通报批评，而且今天还旷课了！这样的情况确实让我和丁凯面面相觑，那个我们的好兄弟，隔壁寝室的王浩洋，今天是不是生病了？

过道的展板上确实贴着丁凯说的通报批评，当我们下课路过的时候，我特地去看了看那张黄色的通报，我想会不会是名字弄错了，但是上面确实写着“旅游管理0802班”，“王浩洋”三个字更像是一笔一画写上去的，估计写这名字的人也是下了很大的决心，重要的是被通报的理由是“周日晚上夜不归宿”，学校要求每天晚上十点半前必须回寝室，学生会的干部不定时抽查，一旦中标，就被通报，可是这样的事情我们认为在王浩洋身上是不可能发生的。我开始回想起昨天晚上到底发生了什么事情，如果我没有记错，昨晚是刘全过生日，我在八点左右离场，因为女朋友给我打了电话，至于之后他们发生了什么，去了哪里，何时回来的，我都不清楚。虽然我、丁凯、王浩洋，还有刘全关系特别好，但是我们都不是一个寝室的，准确说来现在不是一个寝室的，大一时我们四个住同一个寝室，但大二搬寝室就被分散了，而且居然重组的时候，我们没有任何两个人安排到同一个寝室，“四人帮”就此破裂，好在我们兄弟间的情谊一直没有减淡过。现在看着王浩洋的通报，心里真不是滋味。丁凯说，不如给他打个电话问问清楚吧，可是刚一拨，电话关机，他在玩失踪吗？

我坐在丁凯寝室里，对着电脑发呆，王浩洋居然也不在寝室，而且电话关机，我在想他是不是还不知道自己大祸临头了，本来可以拿到的评优名额很可能因为这次通报泡汤，如果王浩洋现在跑去跟老师解释清楚，或许一切都可以一笔勾销。我注意到王浩洋QQ头像还是灰色的，十万火急之际，他却玩起失踪来了，我实在不想被别人说“皇帝不急太监急”，索性关了电脑。丁凯躺在床上，探出脑袋看了看我：“算了吧，刘全已经被老师叫到办公室去了，现在一切都于事无补了。”刘全是我们班班长，他被叫去估计老师已经知道了王浩洋夜不归宿的事情，我感觉事情变得一团糟，好好的一天居然是以这样的方式开始，实在叫人不爽，我朝着走廊大叫了一声发泄，结果把检查卫生的阿姨吓了一跳：“没事瞎叫唤什么啊？”

四个人当中，我和王浩洋最铁，有什么事情，我们都彼此担着，像穿一条裤子长大的兄弟。丁凯倒不太在乎这个事，他觉得不就是一个通报吗，那是因为大一的时候要做早操，丁凯连着三天睡懒觉，就直接被通报三次然后被辅导员叫去谈话了，用丁凯的话来说，他是见过大世面的人，但是我觉得王浩洋不能和丁凯这样的老油条比，王浩洋是要入党的人，是要拿国家奖学金的人，是要被保研的人，他的履历上怎么能有污点呢？我没有理会丁凯，继续给王浩洋打电话。

回想起昨天晚上，我走时和他们每个人都打了招呼，刘全正在喝他的酒，丁凯在吃水煮鱼，而王浩洋盯着窗外发呆，对，就是发呆，现在想来他应该有心事，在那样嘈杂的场合下，他不应该发呆，可是据我所知，他没有交女朋友，也没有缺钱用，感情和金钱都没有差错的情况下，只有学习了，而学习是王浩洋最不用担心的事情，那么是什么事情让他发呆了呢？我拽下床上的丁凯：“说说，昨天晚上，你们后来都干吗了？”丁凯愣神地看着我：“我们就把那一桌菜吃完了啊，然后喝了点酒，当时我记得出饭店门口的时候是十点了，刘全说去打两杆桌球，我觉得累，但还是去了，那个时候，王浩洋说他要先回寝室了。”我看着他说：“十点你们还去打桌球啊，宿舍都要关门了。”丁凯歪歪嘴说：“刘全是寿星，我总不能让寿星不开心吧，你和王浩洋都走了，如果我也走，那他不是郁闷死了。”我想想，丁凯说得也有道理：“那你们该叫上王浩洋一块啊。”丁凯摇摇头：“我看他肯定有什么事，一副归心似箭的样子，而且他那个人你也知道，不是你想留就能留下来的。”丁凯拍拍我的肩膀：“你也别太担心了，我觉得压根就没事。”

怎么可能没事呢？丁凯的描述让我更加担心起来了，前不久外语系就有一个女生突然失常，然后第二天就跳楼自杀了，如果王浩洋有心事，应该会和我说啊，如果他连我都没说，那肯定是大事了。我开始回想上个星期的零碎生活，王浩洋一如往昔早睡早起、读英语课文、背单词、做题目、看书、偶尔上网，好像每个环节都没有错，等等，如果有问题，就是上网这一环，难道他在网上遇到了什么人，我留意到他的QQ签名改了，“生命的价值在于看懂生活的本质”，这是他能写出来的话，可是，这句话是什么意思呢？代表着什么？我只感觉头脑跟糨糊一样混成一团。如果可以，我想打电话问问刘全，但是他现在正在老师办公室挨骂，不是打电话的时候，丁凯一副满不在意的样子让我火大，我拿起钥匙和手机就冲了出去，我得先找到他，出了什么事就危险了。

【丁凯】

我在吃水煮鱼的时候，注意到王浩洋的眼神是在窗外游离的，那时候骆斌刚刚和我挥手告别，刘全喝得有点多了，满脸通红，他自然没有注意到王浩洋神色的变化。虽然我是一个吊儿郎当的人，但是我在此刻却是注意到了这个细节。我有一种预感，王浩洋会找借口离开，然而他没有，他坐着吃完了自己碗里的菜，然后等待杯盘狼藉。我嬉笑着拉王浩洋走过来，想和他一起整整喝高的刘全，但是王浩洋却出神得听不到我叫他，当他应声的时候我已经没有兴致了。我其实一直不太喜欢王浩洋，他太优秀，让人感觉不易接近，虽然大一的时候大家住同一个寝室，但是我几乎不怎么和他说话，骆斌与他走得近，他们更像是两兄弟，现在骆斌恋爱了，王浩洋就开始孤独起来，他是优等生，在大学里的优等生并不像高中那样受人崇拜和尊敬的，大家都懒散得不愿意学习，觉得六十分万岁，谁会傻傻地像高中生那样一天到晚沉浸在题海的世界里，所以很多人的内心是有些排斥他的。可是王浩洋人不坏，他有时候还常常帮助我，老师布置的作业我不会做，他就主动来教我，要是有事情拜托他去帮忙，也是二话不说地就答应下来，可是我还是不太喜欢他，因为我从来就不是优等生，我和他有代沟。我想借他的作业来抄，他不给，非要和我讲解题目，我玩电脑游戏，他也会叫我别对着电脑太久，吃饭的时候，叫我不要大笑可能会被呛到，他就像我爸妈一样啰唆。我是二十岁的大学生了，不是十几岁的小孩，我就是不喜欢他这样管着我。

出了饭店，刘全说去玩一杆桌球，我看表已经十点了，十点半就会查寝，从这里回宿舍要十五分钟左右，刘全看着我们，我想一切都看王浩洋怎么决定，果然不出我所料，他要走，他说他要回寝室了。这个时候，我发现他有些奇怪了，如果是平时的他，一定会拿出一副师长的样子告诉我们现在十点了，很快就要查寝了，所以我们都应该回去，不要再逗留了，可是今天他没有，他只是说他要回去了。他是故意在找借口逃离我和刘全的视线，但是我却不想去揭穿他，看着王浩洋离去的背影，我反而轻松了很多。

走进桌球室，刘全就挑了一个新杆，虽然他满脸通红，甚至时不时冒着酒气，但是我依旧觉得他看起来不像真的醉了，他说他挺开心的，所以一个劲地喝，但是我比谁都清楚，和他交往了三年多的女朋友在前几天和他分手了，眼看就是自己的生日，他本准备接她女朋友过来，大家开开心心吃个饭，结果这样的预想太过理想化了，计划赶不上变化。刘全很爱他的女朋友，虽然两个人不在同一所大学，但是相隔也不远，一旦没课，刘全就乘车去看她。刘全不是一个懂浪漫的人，但是实在，他对女朋友无微不至的照顾是我们大家都看在眼里的。以前四个人一同出去，刘全时不时会叫上他女朋友，他帮她拎包，热了帮她扇风，冷了脱下外套给她套上，她爱吃什么，刘全就是找遍了超市也给她买，这样的好男友，我们觉得是打着灯笼都找不到的。

可是刘全做班长和做男朋友完全是两个人，对待班上同学，他就换了一副神色，严格要求每一个人，但也是尽职尽责。最近刘全失恋，心情不太好，今天如果我也走了，那他估计会一个人闷着头打桌球，没准儿出什么事来，所以我不能回去。

眼看刘全已经进了三杆球，俨然一副得意的样子，我闭一只眼看着小号球，故意偏了一点，我得让他开心，要不是他失恋加他过生日，我才懒得放水呢，我吐吐舌头："啊，有点醉了，这个球都打不进去。"刘全嗤嗤地笑，然后继续打球，他竟然没有看出来我是让他的，看来他真的醉了。

打着打着，我有些累了，刘全看表，差不多快十点半了，学生会的那帮狗崽子又要查寝了。我说："我们回去吧，走啦，快查寝了。"刘全点点头，脸红得像个苹果。我们走得很快，快到女生宿舍的时候，突然吹来一阵凉风，我记得前不久有一个女生跳楼了，我拉着刘全赶紧走，他疲惫地靠在我的身上，嘴里说着胡话，他在叫他女朋友的名字，叫她回来，可是，她哪里听得见，哪里会理他呢。

那夜我们都睡得早，或许是太累了，但是躺在床上我久久不能入眠。我想起了刘全，为他失去爱情而感到难过，我想起了骆斌，那小子最近走了运，才交上女朋友不久，买彩票中了一百块，而且老师还把优秀学生干部的名额给了他，他就是一个宣传委员，平时啥事都没做，就每个月底弄弄班上的黑板报，但是我从没见他出手过，总是叫几个关系好的女生来帮他画画、写字，想到这里，我就觉得世界真不公平。最后我想到了王浩洋，虽然我不怎么喜欢王浩洋，但是我依旧觉得他是我的兄弟，虽然他平时很啰唆、烦人，可在我最缺钱用的时候，还是他主动借给我三百，我不是忘恩负义的人，所以我依旧觉得他是我的兄弟。今天他的眼神非常不对，他看着窗外，但是那时候我在吃水煮鱼，他到底在看什么，我不知道，我只注意骆斌要走了，准备骂那小子重色轻友，可是我没骂，我真该趁那时间看看窗外到底有什么。

最让我吃惊的事情，还是我一大早起床，快马加鞭地骑着单车往教室赶，刚刚到楼下就被墙上那张黄色的通报吸引了，王浩洋被通报了！天哪，我赶紧给骆斌打了电话，我知道他绝对不相信这件事情。

【刘全】

今天天气很好，七点的时候，阳光就从阳台照进了寝室。寝室的人已经下床开始洗漱，我躺在床上翻身，昨天晚上喝太多了，现在酒精还起着作用，头痛得不行，我揉了揉太阳穴，看着那一地的阳光，我真为自己感到自责，身为一班之长，怎么能这么懒散呢？我跃身而起，像往常一样简单整理好后就拿着书本向教室走去。

昨天晚上是我的生日，但是我一点也不开心，因为我失恋了，那个被我捧在手心三年的女生突然和我提出了分手，理由居然是我对她太好而有了压力，我明知道是借口却还是答应了她，因为我觉得我是一个男人了，而不是男孩，我不用哭闹着求她留下来，我应该深深地吸一口气，然后学着梁朝伟在《天下无双》里一样对自己说，自己不过是这个宇宙中的一粒尘埃。可是，伤心总是难免的，我确实因为她影响了很多事情，我想我的生活不能为了一个已经不存在的人而继续耽搁下去，所以我得过好这个生日，我没有叫太多的人，只叫了大学里最好的三个哥们儿——骆斌、丁凯、王浩洋。说实话，虽然我是班长，可我心中最好的朋友只有他们仨，而我失恋的事情，只有丁凯知道，为什么我只愿意告诉丁凯呢？一是丁凯这个人比较直，有什么说什么；二是我不想骆斌和王浩洋来安慰我，丁凯不是一个会安慰别人的人，或许他只是用行动告诉你没有了女朋友，还有他这个兄弟，但是骆斌是绝对会口若悬河地引用名人名言来安慰你，我不需要听那些话，世人都懂，起不到半点治愈的作用。而王浩洋，我是真的不知道该不该给他说，他这个人不错，待人诚恳，城府也不深，但是我总觉得他不容易亲近，有时候我感觉他挺孤僻的，一个人在座位上做英语四级题可以做到半夜，他还喜欢看小说，光看名字我就看不下去的那些小说，全是《追忆似水年华》这样文艺的名字，而且看着那么厚，我就更没有兴趣了。但是我一直很佩服王浩洋，他的成绩是我们班最好的，每学期都能得到老师的赞扬，学习部的光荣榜上永远有他的名字，一些科技论文竞赛，他也总能轻松拿下。身为班长，我因为有王浩洋这样的人物存在而感到自卑，但是我想既然他是我兄弟，那么我也不用去和他攀比什么，何况人与人是比不得的，人只能和自己比，这一点我比谁都清楚。

昨晚大家先是打开了为我买的蛋糕，点上两支蜡烛，叫我许愿，我许什么愿望好呢，其实我的愿望很简单，就是每天都开开心心的，我们几个好朋友彼此之间的友谊可以长久下去，我还希望能够尽快从失恋的阴影中走出来，不过我的愿望好像有些太多了，那么就许一个吧，我希望大家都健康平安。

晚上喝了很多酒，虽然大家都以为我醉了，其实我比谁都清醒，我知道骆斌的女朋友打电话来叫他过去，我知道丁凯正吃着他香喷喷的水煮鱼，我更看到了王浩洋对着窗外发呆的表情，我甚至看到了窗外到底是什么吸引着他。树影幢幢，此时黄昏已过，校门口的潇水正静静地流淌着，一个穿着淡绿色短袖的女生在窗外的梧桐树下踱步。我没见过她，不知道她为什么这个时候要在梧桐树下踱步，但王浩洋肯定认识她，因为他在看她，出神地望着她。那可不像是爱慕者的眼神，总的来说，应该充满了担忧。我又喝了一口啤酒，我真的想醉，但怎么都醉不了，所以就让我假装醉一下吧。人只有醉了的时候，才可以随便说话，做心中想做的事情，这样大家也会迁就着你，我想去打桌球，很久没有玩了，如果我要去，丁凯肯定会陪我。

出饭店的时候，王浩洋说他要先回寝室了，我假装喝高了，没有回应，丁凯让他先走。进桌球室之前，我回头看了看，我知道他没有回去，他往梧桐树那边去了，果然他是认识那个女孩子的。王浩洋这个人一向都比较羞涩，我想那会不会是他喜欢的女孩子，但肯定他还没有追到，因为连他自己都不确定的事情一般不会和我们几个人说，这下我又伤感了，如果真的是那样，在我失恋后，兄弟们都纷纷有了归宿，只剩下丁凯一个人陪我了。丁凯这小子没准儿也有心仪的对象了，想着想着，我就连进三个球，我没醉，我比谁都清醒，丁凯那小子为了让我开心，还放了水，要是平时的我就和他火起来了，可是现在我真难过，就让我假装开心开心吧，这样的生日真是刻骨铭心。

可是我没有想到的是，王浩洋居然没有回寝室。在下课的时候，辅导员的电话一个又一个地冲击着我的手机，我为这个消息愣住了，三步跨作两步奔向办公室。辅导员满脸严肃地看着我：“怎么回事？王浩洋去哪儿了？”王浩洋去哪儿了？他去哪儿了？我的头开始痛起来了，窗外阳光明媚，如此好的天气为什么会发生这样让人头痛的事情？“我……不知道。”辅导员面色发青：“你身为班长，居然不知道班上同学去了哪里，如果昨晚他出了什么事，谁来负责？”我只知道王浩洋去找那个女生了，是的，我原本以为他只是去找她聊聊天，然后就一起回寝室了，我根本没有想到他会夜不归宿，谁会去想一个品学兼优的学生犯下这样的过错呢？“我去找他。”我说得真是一点底气都没有。辅导员说：“他的电话关机了，根本找不到，前几天有个女生跳楼的事情你知道吧，学校现在对这样的事情抓得非常紧，要是这事情传到校领导那里去，不仅是王浩洋的所有评奖、评优的资格取消，你和我还要负重大责任！”

我没有想到事情会这么严重，即使平时，班上夜不归宿的学生也不少，即使被通报，好像辅导员也不是很在意，但是现在处于非常时期，加上王浩洋那么显眼的人，没有人会把这件事忽略过去。那么王浩洋到底去了哪里呢？我想起他最近的QQ签名，好像有些莫名其妙，他是不是真的有什么心事？我希望我昨天晚上的愿望能够成真，大家都平平安安，千万不要出什么状况。

就在我焦急万分、不知所措的时候，背后有人敲门，辅导员和我同时震惊了，这不正是王浩洋吗？

【王浩洋】

前几天我在图书馆终于看完了普鲁斯特的《追忆似水年华》，厚厚的三本让我感觉生活如此充实。我在图书馆看到她，穿着淡粉色的上衣、牛仔裤，还有一双洁白的运动鞋，扎着一个马尾。我认识她，在上一次的学术研讨会上见到她，我记得她的名字——顾淮，最开始就单单因为一个名字而记住，后来是看到她站在演讲台上口若悬河。虽然不知道她是否认识我，但是我还是对她笑了笑，她也有礼貌地回敬了一个笑容，这让我感觉心情非常好，我本该上前和她打个招呼，如果是丁凯在这里，他一定会很自然地上去搭讪，但是我不行，我埋头整理好桌上的书本，准备从她身边走过，如果可以，我希望她叫住我。但是她只是安静地看书，没有在意擦身而过的我。这是一周的开始，阳光照在绿油油的草地上，男男女女坐在一圈晒太阳，诗歌协会的几个会员正在爱莲湖边念诗，这是大学最为恬静适宜的生活，我把书放回归还台上，然后等待消磁、刷卡、离开。

顾淮是一个很白净的女生，阳光照在她的脸上看起来就像透明的一样，我真想坐在她旁边，看看她在读什么书，但是我出门了，我只是想着很多次遇见她时的情景。她是外语系的学生会副主席，成绩非常好，很多次的比赛中都可以和她碰面，但是她基本不爱说话，只有每次上台，她就像变成另外一个人。据我所知，她是没有男朋友的，用骆斌的话来说，这代表着每个人都有机会。骆斌是我的好兄弟，最铁的哥们儿，最近他恋爱了，女朋友很漂亮，我很羡慕他，可以找一个喜欢的人并能够在一起其实并不容易，比如我们班班长刘全，他最近分手了，虽然他没有和我说，但是那天我碰见了他的女朋友，本想打招呼，结果看见她和另外一个男生牵着手走出我们学校，她说她和刘全分手了。陈小春唱过爱情这东西没道理的。没道理，真的，所以我觉得我可能是喜欢上顾淮了，她那么优秀，我必须要更优秀才行。

我原本以为我很了解顾淮了，虽然每次都只是我在注意她，甚至没有交谈过，可是我觉得她所有的表现我都看在眼底。几天之后，我知道我错了，因为她从高高的六楼寝室跳下来了，像鸟儿一样展翅飞了下来，她义无反顾地选择了死亡，而原因居然不详。我伤心地站在体育馆前，和全校师生一同悼念她，整个体育馆回荡着悲戚而伤感的哀乐，她平白无故就这样死去了，一个那么优秀的学生。我悄悄地哭了，没有告诉骆斌，没有告诉丁凯，更没有告诉刘全，我只是悄悄地哭，因为我还没有盛开的爱情就这样被扼杀在摇篮之中了，接着顾淮的辅导员上台致词，我才知道原来她父母离异，她更是没有足够的生活费支撑自己的生活，她是因为担心别人看不起她才那么努力地活着，原来我一点都不了解她。

接连下了几天的雨，好像老天也在为顾淮哭泣，人们开始渐渐淡忘了顾淮的事，各自再次进入了自己生活的轨道，但我的心中始终萦绕着如同阴霾的黑暗。刘全说他要过生日了，周日晚上去吃顿饭，他笑着邀请我，我突然被他的笑容感染了，他也是个不快乐的人，但是总是微笑着。

周日的晚上，大家很开心，为刘全点蜡烛的时候，我感觉大家又长大一岁了，刘全闭着眼睛许愿，磨蹭了很久，不知道他是不是在犹豫到底许什么愿望，后来他笑了，我想一定是一个善良而美好的愿望。这个时候，我注意到一个穿淡绿色短袖的女生在梧桐树下踱步，是的，她来来回回地在树下走着，时不时地往潇水望望。不知道是不是因为顾淮，我的心中产生了不好的想法，我得找一个合适的借口离开，骆斌已经走了，我没有抓住机会和他一起离开，现在我不能走，刘全今天生日，而且他心情应该不太好，我至少得把这顿饭吃完再走。我注意到刘全时不时地看我一眼，这让我很害怕，我真担心他知道了我心中关于顾淮的秘密，不过他应该醉了，脸那么红，还不停地喝酒。

后来刘全说要去打桌球，我想我不能去了，因为时间已经很晚了，我找了借口离开，我说我要回寝室了，这个理由得当，他们也不会追问。果然，他们都走进了台球室，没有留我。我刚刚到梧桐树下，就看到那个女生坐在护栏上，下面就是滚滚流动的潇水，我突然紧张起来，但是我得镇定，我没有叫她，而是悄悄地坐在了她旁边。

她看见我，先是一怔，我却假装有心事一样说："今天很郁闷。"女生看看我，然后问："生活本来就是一出悲剧接着一出悲剧，我看透了。"她厌世的情绪让我胆怯，我说："我真想跳下去，或许就解决问题了。"女生笑着点头："我也这么想……"她果然有想自杀的倾向，我深深地叹了一口气："但是我想到我爸妈肯定会哭死，我一想到他们哭泣的样子，我就不想跳了。"女生嘟着嘴说："也是啊，但是我真的很烦，我男朋友把我抛弃了，就在下午，他说他厌倦我了，其实我觉得我对他已经够好了，实在想不通自己做错了什么。我想，如果我死了，他或许就会内疚，这样就会记住我了。"这样的想法太愚笨了，如果他已经不喜欢你了，即使你死了，他也不会在乎，我本想这样说，但是我没有：

“其实我也失恋了，你还算幸福。”女生皱着眉，不解地看着我。我说：“我比你难受多了，我女朋友前几天跳楼自杀了，你知道吧，就是外语系那个。”女生的嘴张得很大：“天哪，她是你女朋友啊，那你还真够倒霉的。”我点点头，虽然我知道我随便把顾淮定为我的女友是非常不要脸的行为，但是我觉得这是唯一可以挽救这个女孩的办法：“那时候我真想和她一起死了算了，可是现在我不想死了……”女生歪着头问：“为什么？”我浅浅一笑：“因为我发现这个世上还有那么多爱我的人，即使少了一个，还有那么多，他们都没有抛弃我，即使没有人爱我了，还有这个美丽的世界啊，花花草草，每当阳光照在它们上面，我就感觉生活是非常有意义的。”女生似懂非懂地点点头：“听你这么一说，我也不想死了，呵呵。”

其实我在说什么呢，我自己也不知道，可是和她说完这些话之后，我发现我自己心中的阴霾全都消散了。是啊，顾淮是去世了，但是我的生活还是要继续的，我身边还有那么多爱我的人，骆斌、丁凯、刘全，还有我的父母。眼前这个女生让我看开了很多东西，我突然想起了《追忆似水年华》，想起了那本书里的很多东西，我们还这么年轻，干吗老是要想到那些黑暗而无味的东西呢？

女生突然说：“嘿，我好像认识你，你是不是叫王浩洋？”我点点头，她就开心地笑起来了：“你的照片和名字长期在学校的光荣榜上，我们寝室的女生都好羡慕你呢。”我红着脸笑了，我最怕别人称赞我。女生继续说：“现在我不想死了，不过，你可以不可以答应我一个要求……”

“你说吧。”

“今晚别回寝室了，坐在这里陪我聊聊天，我很久没有这么安静地和一个男生聊天了。”

查寝怎么办？我原本担心的事情却无法问出口，看着这个女生阳光一般灿烂的笑容，查寝就查寝吧，那又怎么样呢，是怕被通报重要还是救下一个生命重要呢，答案不言而喻，我点点头。

我没有回寝室，我知道第二天的展板上肯定会出现一张黄色的通报单，上面一笔一画地写着“王浩洋”三个字，但是那又有什么关系呢，我相信明天天气一定很好，阳光明媚，生活能够像这样，就够了。

年轻有梦就去追。

你若精彩，天自安排。

图书在版编目（C I P）数据

你若精彩，天自安排：愿再次与你重逢 / 方达主编.—
武汉：湖北教育出版社，2015.10
（盛开）
ISBN 978-7-5351-9931-7

Ⅰ. ①你… Ⅱ. ①方… Ⅲ. ①作文－中学－选集
Ⅳ. ①H194. 5

中国版本图书馆CIP数据核字(2015)第188758号

出版发行　湖北教育出版社
邮政编码　430015
电　　话　027-83619605
地　　址　武汉市青年路277号
网　　址　http：//www.hbedup.com
经　　销　新华书店
印　　刷　北京京都六环印刷厂
开　　本　700mm×990mm　1/16
印　　张　17
字　　数　242千字
版　　次　2015年10月第1版
印　　次　2015年10月第1次印刷
书　　号　ISBN 978-7-5351-9931-7
定　　价　29.80元